LINUX Administración

versión 2.0 a 2.2 del núcleo

ISBN : 2-7460-0686-3
Edición original : 2-7460-0515-8
Ediciones ENI es una marca comercial registrada de Ediciones Software.

Ediciones Software SL

Gran Via de les Corts Catalanes, 322-324
08004 BARCELONA
Tel: (93) 424 64 01
Fax: (93) 423 15 76

e-mail: ediciones@ediENI.com
http://www.editions-eni.com

Editions ENI

BP 32125
44021 NANTES Cedex 1
Tél : 02.40.92.45.45
Fax : 02.40.92.45.46

e-mail : editions@ediENI.com
http://www.editions-eni.com

Autor : Bruno GUERIN
Colección MEGA+ dirigida par Joëlle MUSSET
Traducido por Joaquín Cuenca Abela

Introducción
Capítulo 1

Encendido y apagado del sistema
Capítulo 2

Los sistemas de archivos
Capítulo 3

Gestión de los usuarios y de los grupos

Capítulo 4

Gestión de los discos

Capítulo 5

Copias de seguridad y restauraciones

Capítulo 6

Gestión de los recursos

Capítulo 7

Gestión del sistema de impresión

Capítulo 8

Gestión de los terminales

Capítulo 9

Gestión de la hora y de las zonas horarias

Capítulo 10

Contabilidad

Capítulo 11

Introducción

↓notas personales↓

A. Linux

Linux es un sistema Unix aparecido en 1991. Su característica principal es la de estar completamente libre de derechos de uso. Sin embargo, a pesar de no ser de dominio público, Linux está protegido por el "copyleft" de GNU. Para que el código fuente continúe siendo accesible para todo el mundo y no haya riesgo de que alguien se lo apropie para fines comerciales, se ha creado una licencia especial, a la que se denomina "copyleft". El copyleft otorga libertad absoluta a quien quiera utilizar, modificar y copiar un producto que se encuentre bajo esta licencia, a condición de no poner trabas a la difusión del código fuente.

Para ser exactos, Linux es un núcleo y no un sistema operativo. Está constituido por todo un conjunto de programas que, juntos, forman un sistema Unix potente, extremadamente estable y económico. Los mandatos básicos esenciales provienen en su mayor parte del proyecto GNU. El resto proviene de terceros que se adhieren al espíritu GNU y ponen sus programas bajo la cobertura del "copyleft".

Para instalarlo, tenemos varias posibilidades:

– descagar de Internet todos los elementos necesarios para la constitución de un sistema,
– o utilizar una de las numerosas distribuciones que facilitan la instalación y configuración del sistema.

Es evidente que para un neófito la segunda solución es, de lejos, la más idónea.
Hay que tener en cuenta que cada distribución se distingue del resto por las opciones que elige, principalmente al nivel de los mandatos básicos y de los paquetes paquetes instalables opcionales.

No se trata aquí de tomar partido por una determinada distribución, ya que esto incumbe al usuario. La actitud que hay que seguir es la de escoger una distribución y aprender a dominar el entorno Linux.

Una vez familiarizados con el sistema, hay que aprender a mantenerlo y a hacerlo evolucionar de forma segura y operacional. Por tanto, el interés de las distribuciones desaparece dejando paso a un sistema personalizado y optimizado según las preferencias del administrador y del o de los potenciales usuarios.

B. ¿Unix y Linux?

Es evidente que Linux no es Unix, por la pura y simple razón de que su núcleo no incluye ni una línea del código original del núcleo de Unix. Sin embargo Linux se comporta como un sistema Unix y las características de su núcleo no tienen absolutamente nada que envidiar al resto de sistemas Unix. No hay que perder de vista que Linux es antes que nada un núcleo y que el resto del sistema viene de otros sitios. Debido a esto puede que a veces le falten ciertas herramientas, como los programas de administración integrada que ofrecen hoy en día la mayor parte de los Unix comerciales. Sin embargo esta crítica debe minimizarse ya que la mayor parte de estas herramientas son sólo una interfaz entre el administrador y los programas de administración, que son perfectamente utilizables sin estas herramientas. Linux tiene programas de administración muy parecidos a los que tienen el resto de Unix y un buen conocimiento de estos programas conlleva una mayor control del sistema.

Sin tener en cuenta estos detalles, Linux como sistema operativo completo es un Unix de arriba a abajo. Un usuario tendría los mismos problemas cambiando de Linux a Unix que cambiando de un Unix a otro; hoy en día todos los Unix, incluyendo a Linux, tienden a cumplir con las especificaciones del estándar Posix. Esto implica una convergencia de los sistemas a nivel de mandatos de usuario.

Lo que no es este libro

No se trata de un manual de instalación, inútil ya que está es específica de cada distribución. Además, la instalación viene bien detallada en un fascículo o en un documento que se entrega con cada distribución. Una vez finalizada la instalación, el sistema dispone de una configuración están-dar que, si bien es perfectamente funcional y suficiente para un individuo normal, puede que no coincida exacta-mente con unas necesidades más específicas, especial-mente en términos de:

- definición de los usuarios y de los grupos,
- parametrización de las conexiones,
- puesta en marcha y configuración de algunos subsistemas,
- estrategias de copias de seguridad,
- cuotas de disco,
- gestión de las impresiones,
- gestión de los terminales,
- gestión de la administración,
- gestión de la contabilidad...

Es necesario adaptar bien esta configuración general del sistema para conseguir un conjunto coherente, seguro y productivo. Pero, para lograrlo, es importante conocer bien los distintos componentes del sistema de cara a definir las opciones posibles de configuración.

Objetivos de este libro

Para que un sistema Linux siga su curso correctamente, es importante familiarizarse con los distintos componentes y conocer las tareas del administrados. El principal objetivo de este libro es presentar estas tareas y ayudar al administrador de Linux a conocer bien los diferentes elementos del sistema.

No explicaremos la interfaz gráfica basada en el sistema X ni las herramientas de administración integrada, ya que la mayoría de las veces éstas se apoyan en los programas de administración estándar. Así pues es más importante y productivo conocer bien estos programas de administración, de modo que será en estos programas en los que pondremos el énfasis a lo largo de toda la obra.

A quién se dirige este libro

En general a cualquiera que esté a cargo de un sistema Linux.
Como regla general, los administradores del sistema ya familiarizados con un sistema Unix encontrarán que este libro les es de utilidad ya que se indican las especifidades de Linux con respecto al resto de Unix. Los "neófitos" encontrarán toda la información necesaria e indispensable para asegurar el mantenimiento del sistema.

Es evidente que, a veces, habrá que hacer algunas inversiones, como contrapartida a la potencia y a las capacidades de configuración de Linux en particular, y de Unix en general.

↓notas personales↓

Versiones tenidas en cuenta

Hay dos elementos esenciales en cuanto al funcionamiento de un sistema Linux, a saber: el núcleo y las bibliotecas del sistema. De éstas, la más importante es la **lbc**.

Actualmente estamos viviendo una verdadera locura debido a que se ha producido en verdadero salto cuántico respecto a estos dos elementos:

- el núcleo 2.2.0 acaba de salir seguido por varios parches que han hecho que la versión actual sea la 2.2.5. Este núcleo aporta un gran número de mejoras y novedades.
- la libc también está sufriendo una verdadera revolución. En efecto, mientras que durante mucho tiempo, Linux venía acompañado por una biblioteca específica (de la que la última versión es la libc-5.4.46), desde hace poco existe un proyecto de gran envergadura emprendido por el equipo GNU y que tiene como fruto la glibc-2. Esta biblioteca tiene vocación universal, en el sentido de que se está convirtiendo en la biblioteca estándar de sistemas como Linux, Hurd, FreeBSD... Las versiones más extendidas son las glibc-2.0.x pero desde febrero de 1999 está disponible la glibc-2.1 y aporta su lote de novedades como son un gran número de mejoras y la integración más fuerte de estándares como POSIX y Unix98. Esta biblioteca contribuye a la armonización de los diferentes sistemas UNIX.

Sin embargo, estos productos son todavía demasiado recientes como para que se les haya integrado en todas las distribuciones, pero es algo que está previsto para las próximas versiones.

La mayoría de los sistemas instalados son versiones 2.0.x y las bibliotecas incluidas son libc-5.4.x o glibc-2.0.x.

C. Principios de la administración de sistemas

El administrador de sistemas es un persona que tiene a su cargo las tareas siguientes:

- encendido y apagado del sistema
- gestión de usuarios
- introducción de nuevos usuarios
- borrado de usuarios
- modificación de las características de un usuario
- planificación y gestión de las copias de seguridad
- gestión de los periféricos
- añadido y eliminación de impresoras
- añadido de nuevos discos
- instalación y configuración de terminales
- gestión de programas
- mantenimiento del núcleo
- puesta al día de las fuentes del núcleo
- análisis de nuevos periféricos
- gestión de los módulos cargables

En cualquier caso, el administrador tiene a su cargo el mantenimiento del sistema en un estado tal que pueda ser utilizado por los usuarios con completa confianza y de forma productiva.

↓notas personales↓

Encendido y apagado del sistema

Para la puesta en marcha de un sistema, emplearemos indistintamente los términos encendido, arranque, o boot que es una abreviatura de bootstrap.

La fase de boot permite poner el sistema en un estado estable, conocido y utilizable.

El arranque de un sistema se produce generalmente en dos etapas:

– análisis del material o POST - *Power-On Self-Test*,
– carga del núcleo.

En un PC, el análisis del material se hace generalmente mediante la BIOS, pequeño programa qué reside en un componente particular modificable llamado *flash-rom*.

La etapa del POST termina con la lectura del código que se encuentra en el bloque 0 del primer disco duro, bloque llamado *Master Boot Record* o MBR.

Generalmente, el núcleo del sistema Linux se encuentra directamente en el directorio raíz y se llama **vmlinuz**. Por cuestiones de almacenamiento, se guarda de forma comprimida y se descomprime sobre la marcha, en el momento de su carga, de ahí la z final, sufijo propio de determinados archivos comprimidos.

El origen de este nombre proviene de los sistemas BSD en los que el núcleo se almacena con el nombre /vmunix o /vmuniz si se trata de la forma comprimida.

El tamaño del núcleo es variable ya que depende de las opciones de configuración con las que se haya creado. Veremos que gracias a los módulos cargables, es posible producir un núcleo estándar donde incluiremos el mínimo estricto que permita el arranque del sistema, cargando a continuación los controladores necesarios.

El núcleo efectúa un cierto número de análisis e inicializaciones de periféricos. Durante esta fase se envían una gran cantidad de mensajes a la pantalla. Con el fin de poder releer cómodamente estos mensajes, se conservan momentáneamente en el archivo **/proc/kmsg** qué se puede visualizar gracias al mandato **dmesg**.

Una vez hemos acabadas las inicializaciones, el núcleo lanza el proceso **init**, primer proceso del sistema y ancestro común de todos los procesos en un sistema Unix (y por tanto también en Linux). **init** se convierte inmediatamente en el padre directo de los shells de conexión de las consolas virtuales y serie.

Este proceso tiene un modo de funcionamiento que se inspira en la rama System V. La gran diferencia con la rama BSD es que el proceso **init** utiliza un archivo que permite configurar el funcionamiento general del sistema. Hablamos en este caso de nivel de funcionamiento o *run-level*.

↓notas personales↓

A. Principios del funcionamiento del proceso init

El lanzamiento del proceso **init** constituye la última fase del arranque del sistema. **init** se encarga de efectuar algunas inicializaciones y configuraciones y también de lanzar unos cuantos procesos-demonio que acabarán siendo servicios o subsistemas.

De entre las inicializaciones y configuraciones, las más destacables son:

- la verificación de la integridad de los sistemas de archivos declarados en el archivo */etc/fstab*,
- el montaje de estos sistemas de archivos,
- la activación de las zonas de paginación,
- la configuración de la tarjeta o tarjetas de red en el caso de un enrutador...

De entre los procesos lanzados por **init**, generalmente nos encontramos con:

- los demonios de administración **syslogd** y **klogd**,
- el demonio de impresión **lpd**,
- el demonio supervisor de la red **inetd**,
- los diversos demonios **rpc** del sistema de archivos de red o NFS,
- algunos demonios **getty** para la gestión de las consolas virtuales o serie,
- el demonio **sendmail** que administra el correo electrónico,
- el demonio **cron** encargado de ejecutar los mandatos definidos en los distintos archivos del directorio */var/spool/cron/crontabs*,
- los demonios específicos del sistema, instalados de forma específica por el administrador, como un servidor web, un servidor samba, un administrador de *cortafuegos*...

En la rama BSD de Unix, **init** realiza estas acciones ejecutando sucesivamente dos scripts: */etc/rc* y */etc/rc.local*.

En la rama System V, estas acciones son siempre el resultado de scripts, pero estos pero estos no los ejecuta directamente init. Este último utiliza esta vez el archivo */etc/inittab* para determinar los scripts a ejecutar. De esta forma se permite la extensión de la noción de nivel de ejecución o *run-level*.

B. Los niveles de ejecución del sistema o run-level

Al principio, Unix poseía tres niveles de funcionamiento:

– nivel fuera de servicio,
– nivel monousuario o modo mantenimiento,
– nivel multiusuario o modo normal.

1. Modo monousuario

Se trata de un estado de funcionamiento del sistema en el que sólo se puede conectar un usuario.

Las razones que nos pueden llevar a utilizar este modo son numerosas, pero normalmente se trata de:

– resolver problemas técnicos, tanto de hardware como de software,
– instalar o de configurar un nuevo periférico,
– construir un nuevo núcleo con el objetivo de añadirle características...

Por todas estas razones, es necesario asegurarse de que nadie más utiliza el sistema y, en algunos casos, puede ser necesario tener una configuración mínima, es decir, teniendo instalado únicamente el sistema principal de archivos y ningún otro subsistema en servicio.

Para arrancar Linux en modo mantenimiento, basta con teclear el mandato **linux single** desde la línea de mandatos:

```
boot: linux single
```

Veremos que también es posible pasar a modo mantenimiento cuando el sistema ya está en modo normal.

2. Modo multiusuario

Se trata del modo de funcionamiento normal del sistema, que permite el que varios usuarios tengan acceso y utilicen el conjunto de servicios instalados, tales como el subsistema de impresión, la red...

3. Noción de run-level

La versión de **init** más extendida en Linux es la que forma parte del conjunto de programas **sysvinit** de Miquel Van Smoorenburg. Este paquete se apoya en la noción de *run-levels* del System V que son una extensión de los dos modos principales de funcionamiento presentados anteriormente. Un *run-level* o nivel de ejecución es una configuración del sistema que define la ejecución de un grupo específico de procesos.

Hay ocho niveles de funcionamiento, identificados por una cifra del 0 al 6 y por la letra s o S. Los niveles, 0, 1 y 6 están reservados. El nivel 0 permite parar el sistema, el nivel 6 permite reinicializarlo y el nivel 1 pasa el sistema a modo monousuario. La definición de los niveles 2, 3, 4 y 5 depende de la distribución o del sistema.

El proceso **init** se apoya en el archivo */etc/inittab* para conocer las acciones que debe ejecutar en función del nivel de ejecución.

4. Archivo */etc/inittab*

Este archivo esta orientado a la línea, cada línea representa una entrada que define el proceso que debe lanzar **init**, así como las condiciones de su ejecución. Las líneas vacías y las que empiezan por el carácter **"#"** se ignoran.

Cada línea incluye cuatro campos separados por el carácter ":".

Campo 1 Es el campo que identifica la entrada. Está formado por dos o más caracteres alfanuméricos (casi siempre dos). Esta etiqueta debe ser única en el archivo.

Campo 2 Este campo contiene la lista de los *run-levels* a los que concierne la entrada en cuestión. Si este campo está vacío, la acción se llevará a cabo por todos los *run-levels*. La lista está constituida por identificadores de *run-levels* yuxtapuestos. En el ejemplo siguiente se muestra una entrada válida únicamente para los *run-levels* 1, 2, 3 y 5:

```
c1:1235:respawn:/sbin/getty tty1 VC linux
```

↓notas personales↓

Campo 3 Este campo indica de que forma debe ejecutarse el proceso o acción. Existen trece opciones:

- **respawn** El proceso se reejecuta cada vez que finaliza.
- **wait** El proceso se ejecuta cuando **init** entra en el *run-level* adecuado e **init** se ve obligado a esperar a que termine dicho proceso antes de proseguir su propia ejecución.
- **once** El proceso asociado sólo se lanza una vez. Si ya está ejecutándose, no se lanzará.
- **boot** El proceso se lanza en el arranque del sistema. El campo 2 se ignorará.
- **bootwait** Igual que **boot**, pero **init** espera la finalización del proceso.
- **off** No se hace nada. Esto permite crear entradas sin activarlas.
- **ondemand** Igual que **respawn** pero asociado a los seudo *run-levels* a, b, y c. Esto permite pedirle a **init** que realice una acción sin que se produzca un cambio de *run-level.*
- **initdefault** Permite indicarle a **init** el *run-level* por omisión que se adoptará después del arranque del sistema. En caso de que no haya en el campo 3 de **initdefault**, el administrador deberá indicar el *run-level* desde la consola. El campo 4 se ignora.

sysinit El proceso se ejecuta en el arranque del sistema, antes de la ejecución de los posibles procesos marcados como **boot** y **bootwait**. Igual que antes, el campo 2 se ignora.

powerwait El proceso asociado se ejecutará cuando **init** reciba la señal SIGPWR. **Init** esperará la finalización del proceso antes de continuar.

powerfail Idéntico a **powerwait** salvo que **init** no espera la finalización del del proceso ejecutado.

powerokwait **Init** lanza el proceso asociado a condición de que exista el archivo */etc/powerstatus* y que este contenga la cadena OK, indicando que la alimentación sigue estando asegurada.

ctrlaltdel El proceso asociado se ejecuta cuando **init** recibe la señal SIGINT. Esto significa que alguien ha pulsado las teclas [Ctrl][Alt][Del]. Normalmente el proceso es *shutdown* para pasar a modo monousuario o para detener el sistema.

Campo 4 Este campo contiene la v1a de acceso del programa a ejecutar. Además, se puede acabar la línea con un comentario precedido por el carácter **#**.

↓notas personales↓

La figura que mostramos a continuación muestra un extracto de un archivo */etc/inittab*:

```
# Default runlevel.
id:4:initdefault:

# System initialization (runs when system boots).
si:S:sysinit:/etc/rc.d/rc.S

# Script to run when going single user (runlevel 1).
su:1S:wait:/etc/rc.d/rc.K

# Script to run when going multi user.
rc:23456:wait:/etc/rc.d/rc.M

# What to do at the "Three Finger Salute".
ca::ctrlaltdel:/sbin/shutdown -t5 -rfn now
# Runlevel 0 halts the system.l0:0:wait:/etc/rc.d/rc.0
# Runlevel 6 reboots the system.
l6:6:wait:/etc/rc.d/rc.6


# What to do when power fails
pf::powerfail:/sbin/shutdown -fh +2 "THE POWER IS FAILING"

# If power is back before shutdown, cancel the running
shutdown.
pg:0123456:powerokwait:/root/scripts/shutdown -c
"THE POWER IS BACK"

# If power comes back in single user mode, return to
multi user mode.
ps:S:powerokwait:/sbin/init 5

c1:1235:respawn:/sbin/getty tty1 VC linux
c2:1235:respawn:/sbin/getty tty2 VC linux
c3:12345:respawn:/sbin/getty tty3 VC linux
c4:12345:respawn:/sbin/getty tty4 VC linux
c5:12345:respawn:/sbin/getty tty5 VC linux
c6:12345:respawn:/sbin/getty tty6 VC linux
c7:12345:respawn:/sbin/getty tty7 VC linux
c8:12345:respawn:/sbin/getty tty8 VC linux

x1:4:wait:/etc/rc.d/rc.4
```

Cuando ***init*** *empieza a ejecutarse lee el archivo /etc/inittab. Para que pueda tener en cuenta las modificaciones realizadas posteriormente en este archivo por parte del administrador, hay que pedirle que relea el archivo. Esto se hace enviándole la señal SIGHUP:*

```
# kill -HUP 1
```

Determinación del run-level actual

El mandato **runlevel** permite conocer el run-level actual así como el anterior, si procede:

```
[9]-system(merlin)~:runlevel
N 4
```

La `N` que aparece en la figura anterior significa que el sistema tan sólo a trabajado con un *run-level* desde su arranque.

Cambio de run-level

```
init <nuevo run-level>
```

```
# init 5
# runlevel
4 5
```

↓notas personales↓

C. Scripts de arranque

Generalmente cada nivel tiene asociado un script de arranque. Este script depende mucho de la distribución utilizada para la instalación del sistema. Podemos distinguir dos tipos de organización de los scripts de arranque:

- una organización relativamente fiel a la norma System V utilizada por la distribución **Redhat**,
- una simplificación, del estilo BSD o AIX, presente en las distribuciones **Slackware**.

1. Scripts de arranque de una distribución Redhat

Estos scripts están agrupados en el directorio */etc/rc.d* y organizados tal y como se puede ver en la figura siguiente:

```
[4]-system(morgan)/etc/rc.d:lm
total 18
drwxr-xr-x   2 root   root   1024 nov 20 22:48 init.d
-rwxr-xr-x   1 root   root   1593 jun  1  1998 rc
-rwxr-xr-x   1 root   root    690 jun  1  1998 rc.local
-rwxr-xr-x   1 root   root   6514 jun  1  1998 rc.sysinit
drwxr-xr-x   2 root   root   1024 feb  5 22:38 rc0.d
drwxr-xr-x   2 root   root   1024 nov 20 22:48 rc1.d
drwxr-xr-x   2 root   root   1024 nov 20 22:48 rc2.d
drwxr-xr-x   2 root   root   1024 nov 20 22:55 rc3.d
drwxr-xr-x   2 root   root   1024 nov 20 22:55 rc4.d
drwxr-xr-x   2 root   root   1024 nov 20 22:55 rc5.d
drwxr-xr-x   2 root   root   1024 nov 20 22:48 rc6.d
```

Este directorio contiene los tres scripts **rc**, **rc.local** y **rc.sysinit** así como varios subdirectorios.

El script **rc.sysinit** es el primero que se ejecuta, tal como lo indica el extracto del archivo */etc/inittab* siguiente:

```
id:3:initdefault:

# System initialization.
si::sysinit:/etc/rc.d/rc.sysinit

l0:0:wait:/etc/rc.d/rc 0
l1:1:wait:/etc/rc.d/rc 1
l2:2:wait:/etc/rc.d/rc 2
l3:3:wait:/etc/rc.d/rc 3
l4:4:wait:/etc/rc.d/rc 4
l5:5:wait:/etc/rc.d/rc 5
l6:6:wait:/etc/rc.d/rc 6
```

En cuanto al script **rc**, va a ser él quien determine las acciones a efectuar cada vez que el sistema entra o cambia de *run-level*. Los scripts que se ejecutarán son los contenidos en el directorio rcX.d donde X corresponde al *run-level* que se le pasa como argumento al script rc.

El script **rc.local** contiene generalmente los mandatos de configuración específicos del lugar en que se instala el sistema.

En cada uno de los subdirectorios rcX.d hay dos tipos de scripts:

```
[12]-system(morgan)/etc/rc.d:ls -X rc3.d/
K15gpm      K80random   S10network  S40portmap  S60nfs
K20rusersd  K95nfsfs    S30syslog   S40snmpd    S75keytable
K20rwhod    K96pcmcia   S40atd      S50inet     S80sendmail
K55routed   S01kerneld  S40crond    S60lpd      S99local
```

– los scripts cuyo nombre comienza por la letra S (*Start*) son los que se ejecutan cuando el sistema entra en el *run-level* correspondiente,
– los scripts cuyo nombre comienza por la letra K (*Kill*) son los que se ejecutan cuando el sistema sale de este *run-level*.

↓notas personales↓

Por otra parte, el número que hay a continuación de la letra inicial, así como el resto del nombre, permiten determinar el orden de ejecución de cada script.
Así, por ejemplo, el script S40atd se ejecuta después del script S30syslog y antes del script S40crond.

Hay varios scripts que son comunes a varios *run-levels*, y para evitar tener varios ejemplares de un mismo script en cada uno de los subdirectorios rcX.d (lo que puede ser fuente de errores) se almacenan todos los scripts de arranque en el directorio */etc/rc.d/init.d*, mientras en los directorios rcX.d se colocan enlaces simbólicos:

```
[18]-system(morgan)/etc/rc.d:ls -X init.d/
atd          kerneld     nfsfs      rwhod
crond        keytable    pcmcia     sendmail
functions    killall     portmap    single
gpm          lpd         random     snmpd
halt         network     routed     syslog
inet         nfs         rusersd    initservices.desc
[19]-system(morgan)/etc/rc.d:ls -l rc3.d/|tr -s " "
|cut -d" " -f9-
K15gpm -> ../init.d/gpm
K20rusersd -> ../init.d/rusersd
K20rwhod -> ../init.d/rwhod
K55routed -> ../init.d/routed
K80random -> ../init.d/random
K95nfsfs -> ../init.d/nfsfs
K96pcmcia -> ../init.d/pcmcia
S01kerneld -> ../init.d/kerneld
S10network -> ../init.d/network
S30syslog -> ../init.d/syslog
S40atd -> ../init.d/atd
S40crond -> ../init.d/crond
S40portmap -> ../init.d/portmap
S40snmpd -> ../init.d/snmpd
S50inet -> ../init.d/inet
S60lpd -> ../init.d/lpd
S60nfs -> ../init.d/nfs
S75keytable -> ../init.d/keytable
S80sendmail -> ../init.d/sendmail
S99local -> ../rc.local
```

Esta arquitectura aparentemente compleja, está dotada de una gran flexibilidad. El script a modificar se identifica fácilmente por su nombre en el directorio */etc/rc.d/init.d* y gracias a los enlaces, todas las modificaciones repercuten inmediatamente sobre cada *run-level*.

2. Scripts de arranque de una distribución Slackware

La distribución Slackware se desmarca completamente de la organización anterior utilizando sólo un directorio, */etc/rc.d*, que contiene un número muy restringido de scripts:

```
[25]-system(merlin)/etc/rc.d:lm
total 41
lrwxrwxrwx   1 root   root      4 Sep 17  1997 rc.0 - rc.6
-rwxr-xr-x   1 root   root    396 Oct  2  1995 rc.4*
-rwxr-xr-x   1 root   root   2435 Mar 10 23:41 rc.6*
-rwxr-xr-x   1 root   root   1234 Ene 19 22:11 rc.K*
-rwxr-xr-x   1 root   root   3139 Dic 13  1997 rc.M*
-rwxr-xr-x   1 root   root   4365 Mar 29 22:17 rc.S*
-rwxr-xr-x   1 root   root   1175 Jul  7  1996 rc.cdrom*
-rwxr-xr-x   1 root   root    122 Sep 17  1997 rc.font*
-rwxr-xr-x   1 root   root     64 Abr 28  1996 rc.ibcs2*
-rwxr-xr-x   1 root   root   1982 Jul 28  1998 rc.inet1*
-rwxr-xr-x   1 root   root   2907 Mar 20 16:09 rc.inet2*
-rwxr-xr--   1 root   root     17 Sep 23  1997 rc.keymap*
-rwxr-xr-x   1 root   root   1589 Mar 10 23:44 rc.local*
-rwxr-xr-x   1 root   root   5324 Abr 19 17:35 rc.modules*
-rwxr-xr-x   1 root   root   8121 Abr 30  1995 rc.serial*
```

El archivo inittab es el siguiente:

```
# Default runlevel.
id:4:initdefault:

# System initialization (runs when system boots).
si:S:sysinit:/etc/rc.d/rc.S

# Script to run when going single user (runlevel 1).
su:1S:wait:/etc/rc.d/rc.K

# Script to run when going multi user.
rc:23456:wait:/etc/rc.d/rc.M

# Runlevel 0 halts the system.
l0:0:wait:/etc/rc.d/rc.0

# Runlevel 6 reboots the system.
l6:6:wait:/etc/rc.d/rc.6
```

D. Parada y reinicialización del sistema

El sistema no debe apagarse jamás cortando directamente la alimentación. Por razones de rendimiento, unos cuantos datos se almacenan en memoria y no en el disco. Es el sistema quién se ocupa de asegurar la coherencia entre los dos, gracias especialmente al demonio **update** que fuerza esta coherencia cada treinta segundos.

Además, si el sistema se apagara de esta forma, se pararían "salvajemente" los demonios, que no tendrían el tiempo suficiente para poner al día los datos necesarios. Además, en el caso de un sistema que estuviera siendo utilizado por varios usuarios, el empleo de dicho procedimiento pondría fin a sus sesiones de una forma brutal, con lo que perderían todos los datos que no hubieran guardado todavía.

Por todas estas razones, hay que parar el sistema utilizando los mandatos que se nos proporcionan para este fin:

- shutdown
- halt
- reboot
- poweroff

1. Mandato **shutdown**

Este mandato viene en los Unix tipo BSD, en los sistemas SunOS, Digital UNIX y AIX y forma parte del conjunto de herramientas sysvinit, igual que las otras herramientas de arranque y de parada.

Permite parar el sistema, rearrancarlo o hacerlo pasar a modo mantenimiento. Se emplea con la sintaxis siguiente:

```
shutdown [opciones] tiempo [mensaje]
```

El argumento `tiempo` puede indicarse utilizando diversos formatos:

- bajo la forma `hh:mm`, indica la hora a la que deberá ejecutarse el mandato **shutdown**,
- bajo la forma `[+]m`, indica el número de minutos que hay que esperar antes de ejecutar shutdown,
- el valor `now` ejecuta inmediatamente el mandato. De hecho se trata de un alias para +0. No hace falta decir que sólo hay que utilizar esta opción si estamos completamente seguros de que no hay otras sesiones en curso.

Es posible especificar el mensaje a enviar a todos los usuario, y si no lo especificamos se enviará un mensaje por omisión, siendo su contenido función del tipo de shutdown a efectuar.

↓notas personales↓

Mensaje enviado cuando se hace una petición de reinicalización del sistema:

```
Broadcast message from root (ttyp1) Thu Mar 18 21:20:57
1999...
The system is going DOWN for reboot in 51 minutes !!
```

Mensaje enviado cuando se hace una petición de parada del sistema:

```
Broadcast message from root (ttyp1) Thu Mar 18 21:20:57
1999...
The system is going DOWN for halt in 5 minutes !!
```

Invocado sin opciones, el mandato **shutdown** hace pasar el sistema a modo mantenimiento. Se trata de hecho de una llamada el mandato **init 1** que permite advertir a los usuarios y dejarles el tiempo necesario para guardar sus datos y terminar adecuadamente su sesión.

Las opciones son las siguientes:

- `-c` anulación del mandato **shutdown** en curso. No es posible pasar el argumento `time`. Sin embargo es aconsejable enviar un mensaje a los usuarios con el fin de advertirles de la anulación del shutdown, ya que con la opción `-c` no se envía ningún mensaje por omisión, excepto al terminal desde el que se ha ejecutado el mandato.
- `-f` permite efectuar una reinicialización rápida.
- `-h` parada del sistema.
- `-k` simulación de un apagado.
- `-r` reinicio del sistema.
- `-t` tiempo de espera, en segundos, entre el envío de la señal SIGTERM y el envío de la señal SIGKILL. Por omisión, este retardo es de treinta segundos.

Si se ejecuta un procedimiento de shutdown con un tiempo distinto de `now`, y éste es igual o inferior a cinco minutos, se creará un archivo */etc/nologin* conteniendo el mensaje generado por el mandato **shutdown**. La presencia de este archivo prohibe a todo usuario, excepto al root, abrir una sesión mientras el sistema está a punto de pararse o de reiniciarse. Si un usuario intenta conectarse, se mostrará el contenido del archivo */etc/nologin* en la pantalla y se rechaza la conexión.

En caso de que se lo pida su archivo de configuración /etc/login.defs, el programa login, del conjunto de aplicaciones shadow, verifica la presencia del archivo /etc/nologin.

Este archivo se borra automáticamente en caso de que se anule el procedimiento de **shutdown**.

Algunas palabras a propósito de la opción `-f`: cuando se utiliza, **shutdown** crea el archivo */fastboot* cuya presencia, detectada en el próximo arranque, evita la verificación del sistema de archivo por **fsck** (véase capítulo 3 - N. Verificación y reparación de un sistema de archivos).

La anulación de un procedimiento de shutdown la facilita enormemente la opción `-c` de este mandato. En muchos sistemas esto tan sólo puede hacerse buscando el pid del proceso shutdown para enviarle una señal de terminar mediante el mandato **kill**, tal como lo haría en un sistema BSD el mandato siguiente:

```
# kill `ps aux | grep shutdown`
```

El mandato **shutdown** del conjunto sysvinit guarda su pid en el archivo */var/run/shutdown.pid* cuando se trata de una parada o reinicialización del sistema. Gracias a esto se puede evitar fácilmente el lanzamiento de varios procesos shutdown y además se puede poner fin al proceso en curso.

↓notas personales↓

2. Mandatos **halt**, **reboot**

El mandato **halt** provoca una parada rápida del sistema mientras que **reboot** provoca una reinicialización lo más rápida posible. De hecho reboot es un enlace simbólico hacia halt, que provoca una reinicialización cuando se le invoca con el nombre de reboto.

Normalmente, estos mandatos están destinados a ejecutarse cuando el sistema está en los niveles de funcionamiento 0 o 6. Tienen como misión provocar la parada o reinicialización del sistema. Se utilizan, por ejemplo, en el último script (*/etc/rc.d/rc.[06]* para una distribución Slackware y */etc/rc.d/init.d/halt* para una distribución RedHat) ejecutado cuando estamos en el nivel 0 o 6 y el sistema debe pararse o reiniciarse. Generalmente, en modo de funcionamiento normal, root no debe ejecutarlos. Si a pesar de todo, se ejecutan en modo de ejecución normal, es decir, un modo de ejecución que no sea ni el 0 ni el 6, lo único que harán será invocar shutdown -h o shutdown -r. Lógicamente, las únicas acciones que estas órdenes acometen son las de poner al día el archivo */var/adm/wtmp*, sincronizar los discos con los búferes y parar o reiniciar el sistema.

Sus opciones disponibles son:

- `-d` no poner al día el archivo */var/adm/wtmp*,
- `-f` forzar la ejecución sin pasar por shutdown, para los niveles del 1 al 5.
- `-n` no realizar la sincronización de los discos,
- `-p` parada automática de la alimentación, si es posible,
- `-w` efectuar únicamente la puesta al día de */var/adm/wtmp* sin parar o reiniciar el sistema.

Indiscutiblemente, la utilización de la opción `-f` es muy osada. En efecto, la utilización de esta opción equivale prácticamente a cortar directamente la alimentación, lo que hace que los sistemas de archivos no se desmonten normalmente, que los procesos no se paran de forma adecuada...

En cambio, la opción `-n` resulta útil después de una reestructuración del sistema por medio de fsck. En efecto, fsck trabaja directamente sobre el disco y una parada normal provocaría que se "chafase" el superbloque por la copia del contenido en memoria, erróneo.

La opción `-p` no está disponible para **reboot**, ya que se trata de una reinicialización.

3. Mandato **poweroff**

Este mandato es también un enlace de **halt** que será invocado con la opción `-p`. Provoca, pues, una parada rápida del sistema, así como una parada de la alimentación cuando es posible, es decir, si la placa base está equipada con un mecanismo de interrupción de la alimentación por software.
Dispone de las mismas opciones que **halt**.

4. Reinicialización a partir del modo monousuario

Hay dos formas de efectuar una reinicialización a partir del modo mantenimiento. Mediante la combinación de teclas Ctrl **D** o mediante **shutdown** o **reboot**.

Con la combinación de teclas Ctrl **D**, se pasa directamente al proceso de arranque. No hay por tanto verificación de los discos, mientras que mediante **shutdown** o **reboot**, hay una parada del sistema seguida por una reinicialización en modo multiusuario. El sistema se reinicializa y finaliza el arranque.

↓notas personales↓

Los sistemas de archivos

A. ¿Qué es un sistema de archivos?

Se trata de un medio de organización y de almacenamiento de directorios y archivos en un disco. Todo disco sin particiones o toda partición contiene su propio sistema de archivos.

Existen técnicas que permiten añadir varios sistemas de archivos y tratarlos como uno sólo: agregado por bandos o agregado de particiones.

Cada archivo/directorio se referencia de forma exclusiva mediante dos números:

- un número de periférico: hace referencia al periférico y, por tanto, al sistema de archivos donde se halla almacenado el archivo,
- un descriptor de archivo: referencia de forma exclusiva al archivo dentro del sistema de archivos.

Todo sistema de archivos mantiene una tabla de los descriptores de los archivos que contiene, permitiéndole al sistema operativo manipular estos archivos. Los descriptores, llamados inodos, son estructuras que contienen información relativa a los archivos correspondientes. El número de archivo, único, es el índice del inodo contenido en la tabla de descriptores o tabla de inodos.

Por tanto, un sistema de archivos es una unidad independiente de la organización de un disco o de una partición.

La estructura de un sistema de archivos tiene una enorme importancia sobre la velocidad de las operaciones de entrada/salida y sobre la posibilidad de recuperar el sistema de archivos en cuestión después de un cuelgue o de una parada brutal del sistema operativo.

En efecto, la velocidad señalada por el fabricante del periférico es un dato indispensable, pero insuficiente, para controlar el rendimiento de los procesos de entrada/salida durante el funcionamiento. Asimismo, hay que tener en cuenta la forma como se estructura la información sobre el disco.

Por otra parte, la totalidad de los archivos puede estar repartida entre múltiples sistemas de archivo. Hay diversas razones para que esto sea así. Algunas se deben a opciones de organización adoptadas por el administrador y otras a restricciones de espacio:

- presencia de varios discos conectados al sistema. Con la contribución de RAID (*Redundancy Array of Inexpensive Disks*), Linux puede considerarlos como un solo sistema de archivos,
- tamaño desproporcionado de un disco,
- limitación de la perdida de archivos en caso de deterioro del sistema de archivos,
- aumento del rendimiento de acceso a disco(s),
- limitación del espacio ocupado.

B. Los sistemas de archivo bajo Linux

Linux es capaz de gestionar una gran cantidad de sistemas de archivos:

- sistema de archivos Macintosh de Apple,
- sistema de archivos MS-DOS,
- sistema de archivos Fat no comprimido de Windows 95, Windows 98 y Windows NT 4,
- sistema de archivos NTFS de Windows NT (en modo lectura y a partir de la versión 2.2),
- sistema de archivos ISO9660 (para los CD-Rom),
- sistema de archivos del sistema Minix,
- sistema de archivos HPFS de OS/2,

– sistema de archivos de los Unix System V, SCO y Coherent,
– sistema de archivos UFS de BSD, SunOS, FreeBSD y NexStep.

Hay que distinguir entre los sistemas de archivos que Linux es potencialmente capaz de gestionar, de los que el núcleo en servicio gestiona. La lista de los sistemas de archivos gestionados constituye el archivo */proc/filesystems*.

```
 [396]-system(merlin)~:cat /proc/filesystems
        ext2
        minix
        msdos
        vfat
nodev   proc
nodev   nfs
nodev   smbfs
        iso9660
        xenix
        sysv
        coherent
        ntfs
        hfs
nodev   autofs
```

Además de estos sistemas de archivos, Linux dispone de un sistema propio nativo llamado **ext2fs** del que trataremos en la sección siguiente.

↓notas personales↓

C. El sistema de archivos de Linux: ext2fs

El sistema de archivos nativo de Linux es el sistema ext2fs, que es una extensión del sistema Ext (*Extended File System*), que a su vez es una extensión del sistema de archivos Minix, del cual está dotado Linux. La figura siguiente ofrece una comparación de los tres sistemas de archivos:

Características	Minix	Ext	Ext2fs
Tamaño máximo del sistema	64 Mo	2 Go	4 To
Tamaño máximo de un archivo	64 Mo	2 Go	2 Go
Longitdu máxima del nombre de un archivo	14 car.	255 car.	255 car.
Soporte de las tres fechas Unix	No	No	Sí
Posibilidades de expansión	No	No	Sí
Tamaño de bloque variable	No	No	Sí

Como todo sistema de archivos Unix, tiene todas las funcionalidades estándar (archivos normales, directorios, archivos especiales, enlaces simbólicos) y ofrece funcionalidades avanzadas:

- atributos suplementarios que permiten modificar el comportamiento del núcleo respecto a los archivos implicados.
- compatibilidad con System V o BSD en el ámbito de adquisición del grupo por los nuevos archivos y directorios que se creen. La compatibilidad con System V se halla asegurada por omisión, lo que equivale a que todo archivo o directorio creado es miembro del mismo grupo que el proceso que lo ha creado. Sin embargo, una opción de montaje permite optar por un comportamiento "tipo BSD". En este caso el grupo se hereda del directorio padre y no del proceso creador.
- enlaces simbólicos rápidos. El nombre del archivo al que apunta el enlace simbólico se escribe directamente en el inodo del enlace y no en un bloque de datos, lo que acelera la búsqueda del enlace.

- en caso de error, podemos parametrizar el comportamiento del núcleo con el fin de:
  - dejar las cosas tal cual y continuar normalmente,
  - volver a montar el sistema de archivos en modo lectura con el fin de no arriesgarnos a corromper los datos,
  - provocar un error del tipo "kernel panic".
- podemos utilizar unas cuantas opciones más para la creación de un sistema de archivos de tipo ext2fs. Las abordaremos en la sección correspondiente a la creación de un sistema de archivos y su optimización.

D. Estructura del sistema de archivos ext2fs

Esta estructura se presenta en la tabla siguiente:

Sector boot	Conjunto de bloques 1	Conjunto de bloques 2	....	Conjunto de bloques N

Un sistema de archivos del tipo ext2fs se divide en un sector de **boot** seguido por varios conjuntos de bloques.
El sector de boot contiene la secuencia de instrucciones necesarias para cargar el núcleo en el momento del a rraque del sistema. La estructura del superbloque se detallará posteriormente.

Cada conjunto de bloques se estructura de la manera siguiente:

Super-bloque	Tabla de los descriptores	Bitmap bloques	Bitmap Inodos	Tabla de los inodos	Bloques de datos

↓notas personales↓

- un **superbloque** es una estructura que contiene informaciones relativas al control del sistema de archivos. Este bloque se duplica en varios lugares con el fin de remediar fácilmente una posible corrupción del sistema de archivos.
- una **tabla de descriptores** donde se almacenan las direcciones de los bloques que contienen información vital, como los bitmaps y la **tabla de los inodos**. Esta tabla también está duplicada para cada conjunto de bloques.
- un **bitmap de bloques** que es una tabla de bits donde cada uno corresponde a un bloque e indica si está libre u ocupado.
- un **bitmap de inodos**, una tabla de bits correspondiente cada uno a un inodo e indicando si está libre u ocupado.

E. El bloque: unidad de almacenamiento

El bloque es una noción esencial por lo que respecta a los periféricos de almacenamiento. Es importante distinguir bien entre un bloque físico (512 octetos) y un bloque lógico que es la combinación de varios bloques físicos (1, 2, 4 u 8 Kb).

Un bloque físico es la unidad de almacenamiento. Su tamaño en Linux es de 1 Kb. En otros sistemas Unix se permite indicar un tamaño diferente a los bloques en el momento de la creación del sistema de archivos.

Hay que tener en cuenta que el tamaño de un archivo siempre se indica en múltiplos del tamaño de un bloque. El espacio no utilizado en un bloque no puede ser utilizando por otro archivo. Por tanto, un tamaño pequeño de bloque optimizará la ocupación del disco, especialmente en el caso de un gran número de archivos pequeños, pero penalizará la transferencia de archivos grandes.

F. El superbloque

Su estructura se define en el archivo */usr/include/linux/ext2_fs.h* y la reproducimos a continuación:

Descripción	Tamaño
Número total de inodos	4
Número total de bloques	4
Número de bloques reservados al root	4
Número de bloques libres	4
Número de inodos libres	4
Numéro del primer bloque de datos	4
Tamaño lógico de los bloques	4
Tamaño de un fragmento	4
Número de bloques por grupo	4
Número de fragmentos por grupo	4
Número de inodos por grupo	4
Fecha del último montaje del sistema de archivos	4
Fecha de la última escritura en el superbloque	4
Número de montajes del sistema de archivos	2
Número maximo de montajes antes de una verificación forzosa	2
Firma del sistema de archivos	2
Estado del sistema de archivos (clean/not clean)	2
Comportamiento en caso de error	2
Nivel menor de revisión	2
Fecha de la última verificación	4
Tiempo máximo entre dos verificaciones	4
Sistema operativo creador	4

↓notas personales↓

Descripción	Tamaño
Número mayor de revisión	4
UID del usuario que puede utilizar los bloques reservados al root	2
GID del usuario que puede utilizar los bloques reservados al root	2

Por razones de optimización, Linux, como la mayor parte de los sistemas Unix, trabaja siempre con una copia del superbloque en memoria. La puesta al día real en el disco se hace de forma periódica (estas puestas al día se llaman puntos de sincronización). Toda parada brutal del sistema puede volver incoherente el sistema de archivos. A veces es necesario forzar la sincronización, lo que ocurre, por ejemplo, tras la parada del sistema mediante el mandato ***shutdown****. La sincronización podemos hacerla en cualquier momento con el mandato* ***sync****.*

El contenido del superbloque de un sistema de archivos puede visualizarse con la ayuda de la opción `-l` del mandato **tune2fs** como lo muestra la figura siguiente:

```
[merlin]# tune2fs -l /dev/hdc2
tune2fs 1.12, 9-Jul-98 for EXT2 FS 0.5b, 95/08/09
Filesystem volume name:    <none>
Last mounted on:           <not available>
Filesystem UUID:           6f729cca-8aee-11d2-9608-c86ffb8e4f4a
Filesystem magic number:   0xEF53
Filesystem revision #:     0 (original)
Filesystem features:       (none)
Filesystem state:          not clean
Errors behavior:           Continue
Filesystem OS type:        Linux
Inode count:               359800
Block count:               1433601
Reserved block count:      71694
Free blocks:               200169
Free inodes:               301000
First block:               1
Block size:                1024
                                                    .../...
```

```
.../...
Fragment size:              1024
Blocks per group:           8192
Fragments per group:        8192
Inodes per group:           2056
Inode blocks per group:     257
Last mount time:            Fri Apr 30 22:34:37 1999
Last write time:            Mon May  3 10:04:55 1999
Mount count:                9
Maximum mount count:        20
Last checked:               Mon Apr 19 13:46:44 1999
Check interval:             0 (<none>)
Reserved blocks uid:        0 (user root)
Reserved blocks gid:        0 (group root)
```

G. Estructura de los descriptores de los conjuntos de bloques

Esta estructura se define en el archivo *linux/ext2_fs.h* y se detalla en la tabla siguiente:

Descripción	Tamaño
Dirección del bloque de bitmap por los bloques de este conjunto	4
Dirección del bloque de bitmap por los inodos de este conjunto	4
Dirección del primer bloque de la tabla de inodos en este conjunto	4
Número de bloques libres en este conjunto	2
Número de inodos libres en este conjunto	2
Número de directorio asignado a este conjunto	2
No utilizado	2
Campo reservado para una futura extensión	12

↓notas personales↓

H. Estructura de un inodo

Cada archivo se halla asociado a un inodo, pero varios nombres de archivo pueden asociarse a un único inodo, lo que permite crear enlaces con un archivo con la ayuda del mandato **ln**.

El primer inodo no se utiliza nunca y el segundo corresponde al directorio raíz. El tamaño de un inodo es de 64 bytes y su estructura aparece en la tabla siguiente:

Tipo de archivo y permisos (2 bytes)
Número de enlaces (2 bytes)
UID (2 bytes)
GID (2 bytes)
Tamaño en bytes (4 bytes)
Tabla de 13 direcciones de bloques (3 bytes)
10 direcciones de bloques directos
1 dirección de bloque de indirección simple
1 dirección de bloque de doble indirección
1 dirección de bloque de triple indirección
Fecha/hora del último acceso (4 bytes)
Fecha/hora de la última modificación (4 bytes)
Fecha/hora de la última modificación del inodo (4 bytes)

Respecto a las direcciones de los bloques de datos:

- las diez direcciones directas proporcionan los números de bloque de los datos,
- la dirección de indirección simple proporciona la dirección de un bloque que contiene 128 direcciones de bloques de datos,
- la dirección de indirección doble proporciona la dirección de un bloque que contiene 128 direcciones de bloques de indirección simple,
- el principio es el mismo para el bloque de indirección triple.

Debido a esto, el tamaño máximo de un archivo bajo Unix es:

Tamaño = (10 * BL) + (128 * BL) + (128 * 128 * BL) + (128 * 128 * 128 * BL)

BL : Tamaño de un bloque lógico.

Si BL es de 512 bytes, entonces el tamaño máximo de un archivo es de, aproximadamente, 1 Gb.

I. Estructura de un bloque de datos

Hay tres tipos de bloques:

- bloques de datos,
- bloques de indirección,
- bloques libres.

Los bloques de datos asociados a archivos ordinarios están constituidos por un conjunto no estructurado de bytes.

En el caso de los directorios, se trata de bloques de información referentes a los archivos contenidos en el directorio. En el momento de su creación, un directorio contiene dos entradas con los nombres siguientes:

. cuyo número de inodo es el mismo que el del directorio creado,

.. cuyo número de inodo es el mismo que el del directorio padre.

La estructura de un bloque de directorio es:

Número de inodo (4 bytes)
Tamaño de la entrada (2 bytes)
Longitud del nombre de archivo (2 bytes)
Nombre del archivo (n bytes)

↓notas personales↓

J. Creación de un sistema de archivos: mke2fs

La creación de un sistema de archivos es una etapa obligatoria si queremos que un sistema de almacenamiento sea utilizable. Como excepción, esto puede no ser el caso para los archivos creados con los mandatos **dump**, **tar** o **cpio**.

A todo sistema de archivos le corresponde un mandato de creación. Sin embargo, ciertos sistemas de archivos gestionados por Linux no pueden crearse directamente bajo Linux. De entre los que podemos crear, tenemos:

- **ext2fs** con el mandato **mke2fs** o **mkfs.ext2**,
- **minix** con el mandato **mkfs.minix**,
- **msdos** con el mandato **mkdosfs** o **mkfs.msdos**,
- **xfs** con el mandato **mkxfs.** o **mkfs.xiafs**. Desde la versión 2.1.21, Linux ya no soporta los sistemas de archivos ext y xiafs.

Aquí nos limitaremos a la creación de un sistema de archivos ext2fs, con la ayuda de mke2fs.

La sintaxis de este mandato es la siguiente:

```
mke2fs [opciones] <archivo especial>
```

Las opciones posibles son las siguientes:

`-b n1` Define el tamaño de los bloques en bytes.

`-c` Verifica la existencia bloques defectuosos antes de la creación del sistema de archivos. Se recomienda profundamente el empleo de esta opción.

`-f n2` Indica el tamaño `n2`, en bytes, de los fragmentos de bloques. Esta opción se acepta aún en el caso de que no se haya producido fragmentación de los bloques.

`-i n3` Indica la relación bytes/inodos. Por defecto, esta relación es de 4096. Eso significa que hay un inodo por cada 4096 octetos. El valor mínimo posible de esta relación es de 1024. Este valor nos permitirá adaptar el número máximo de archivos que el sistema de archivos podrá contener, en función del tamaño medio de los archivos creados. Cuando más pequeños sean más pequeña debe ser esta relación.

`-l archivo` La búsqueda de bloques defectuosos puede que ya se haya hecho, especialmente con el mandato **badblocks**, y se haya generado una lista. Con la ayuda de esta opción se indica el nombre del archivo que contiene la lista de bloques defectuosos.

`-m n4` Especifica el porcentaje de bloques reservados al administrador. El valor por omisión es de un 5%.

`-q` Hace que se ejecute el mandato sin mostrar nada por pantalla. Esto evita tener que redirigir la salida estándar cuando se ejecuta desde un script.

`-S` Pide la reinicialización del superbloque y de los descriptores de grupos. La tabla de inodos no cambiará, ni tampoco los bitmaps de bloques y de inodos.

`-v` Hace que se muestren más cosas por pantalla, dando una información más completa.

La figura siguiente muestra un ejemplo de utilización del mandato **mke2fs**:

```
# mke2fs /dev/hdc3
warning: 103 blocks unused.

Linux ext2 filesystem format
Filesystem label=
22616 inodes, 90113 blocks
4510 blocks (5.00%) reserved for the super user
First data block=1
Block size=1024 (log=0)
Fragment size=1024 (log=0)
11 block groups
8192 blocks per group, 8192 fragments per group
2056 inodes per group
Superblock backups stored on blocks:
    8193, 16385, 24577, 32769, 40961, 49153, 57345,
    65537, 73729, 81921

Writing inode tables: done

Writing superblocks and filesystem accounting
information: done
```

K. Montaje de un sistema de archivos: mount

Una vez creado, un sistema de archivos puede utilizarse a condición de que enlace dentro del árbol de directorios del sistema, a partir de un directorio ya existente, llamado **punto de montaje**. Esta operación se llama **montaje**. "Montamos" un disco o un sistema de archivos. Una vez montados en un directorio, los archivos que contenia este directorio antes del montaje permanecerán inaccesibles hasta que no se desmonte el sistema de archivos.

1. Lista de los sistemas de archivos montados: */etc/mtab*

El archivo */etc/mtab* contiene la lista de los sistemas de archivos montados actualmente gracias al mandatos de montaje **mount** y de desmontaje **umount**.

El mandato **mount** sin opciones permite obtener la lista de los sistemas de archivos montados en un sistema. Utilizado solamente con la opción `-t` seguida por un tipo de sistema de archivos, indicará los sistemas de archivos de ese tipo montados actualmente en el sistema.

La imagen siguiente muestra el contenido del archivo */etc/mtab* y el resultado del mandato **mount** sin opciones:

```
[merlin]# cat /etc/mtab
/dev/hdc2 / ext2 rw 0 0
/dev/hdc3 /var ext2 rw 0 0
/dev/hdc4 /tmp ext2 rw 0 0
/dev/sda1 /home ext2 rw,usrquota,grpquota 0 0
none /proc proc rw 0 0
/dev/hdd /cdrom iso9660 ro 0 0
[merlin]# mount
/dev/hdc2 on / type ext2 (rw)
/dev/hdc3 on /var type ext2 (rw)
/dev/hdc4 on /tmp type ext2 (rw)
/dev/sda1 on /home type ext2 (rw,usrquota,grpquota)
one on /proc type proc (rw)
/dev/hdd on /cdrom type iso9660 (ro)
```

2. Montaje manual de un sistema de archivos

Esta operación se realiza con la ayuda del mandato **mount** con la sintaxis siguiente:

```
mount [opciones] <archivo especial> <punto de
montaje>
```

↓notas personales↓

De entre las opciones utilizables en el caso de un montaje manual, podemos destacar:

`-n` Suprime la actualización del archivo */etc/mtab*. Esto es necesario cuando el directorio */etc* se encuentra en un sistema de archivos montado en modo solo lectura (véase. opción `-r`).

`-o` Indica una lista de las opciones de montaje a aplicar al sistema de archivos a montar. Cuando hay varias opciones, deben indicarse separadas por una coma. He aquí las opciones más útiles:

- **async**: las operaciones de entrada/salida se realizan en modo asíncrono.
- **atime** : opción por omisión que solicita la actualización automática de la fecha del último acceso.
- **exec** : permite la ejecución de archivos binarios.
- **noexec** : prohibe la ejecución de archivos binarios. Resulta útil en caso de que los binarios estén destinados a otra arquitectura (procesadores alpha, por ejemplo).
- **noatime** : no realiza la actualización de la fecha del último acceso. Esto permite accesos más rápidos.
- **nosuid** : inhibe el efecto de los bits SUID y SGID.
- **ro** : montaje en modo solo lectura.
- **rw** : montaje en modo lectura/escritura.
- **suid** : autoriza el efecto de los bits SUID y SGID.
- **sync** : las operaciones de entrada/salida se ejecutan en modo síncrono.

`-r` Montaje en modo solo lectura; equivalente a `-o ro`.

`-t tipo` Tipo indica el tipo de sistema de archivos a montar. Esto generalmente no es necesario ya que el mandato **mount** es capaz de determinarlo automáticamente. Sin embargo, esta opción puede ser útil en los raros casos donde mount no llega a adivinar el tipo del sistema de archivos, especialmente cuando la gestión del sistema de archivos venga proporcionada por un módulo cargable que todavía no haya sido cargado.

`-w` Montaje en modo lectura/escritura, que es la opción por omisión (equivalente a `-o rw`).

Cuando a un mismo sistema de archivos se le suele montar con las mismas opciones y a partir del mismo punto de montaje, resulta posible facilitar su montaje describiendo la utilización que se hára del sistema de archivos en el archivo */etc/fstab*, que presentamos a continuación.

3. Archivo */etc/fstab*

Este archivo contiene la descripción de la utilización de los sitemas de archivos utilizados corrientemente por el sistema operativo. Su papel consiste en permitir el montado automático durante el arranque o facilitar el montaje manual, evitando que el administrador tenga que proporcionar los diversos parámetros de montaje al mandato **mount**, ya que los encuentra directamente en este archivo.

Así pues, si el archivo */etc/fstab* contiene la descripción del sistema de archivo, podremos montarlo proporcionándole a **mount** únicamente el nombre del archivo especial o el del punto de montado. Uno solo de estos dos elementos es suficiente para identificar la entrada correspondiente en el archivo */etc/fstab*.

↓notas personales↓

Estructura del archivo /etc/fstab

Cada línea contiene la descripción de un sistema de archivos y está formada por los seis campos siguientes, separados por espacios o tabulaciones:

Campo 1 Contiene el nombre del archivo especial o del sistema de archivos distante.

Campo 2 Contiene el nombre del punto de montaje. Para las particiones de swap, este campo debe contener "none".

Campo 3 Describe el tipo del sistema de archivos. Entre las opciones más normales, tenemos:

- **ext2** para el sistema de archivos nativo de Linux,
- **msdos** para el sistema de archivos MS-DOS,
- **vfat** para el sistema de archivos Windows,
- **iso9660** para el sistema de archivos de los CD-Rom,
- **nfs** para el sistema de archivos de red,
- **swap** para la partición de swap,
- **ignore** para que no tenga en cuenta esta línea, lo que equivale a ponerla como comentario.

Campo 4 Lista de las opciones de montado, separadas las unas de las otras por una coma. Además de las opciones presentadas para el mandato **mount**, tenemos disponibles algunas más:

- **auto** indica que este sistema de archivos podrá montrarse automáticamente,
- **noauto** inhibe el montado automático de este sistema de archivos,
- **nouser** sólo el administrador podrá montar este sistema de archivos,
- **user** autoriza a todos los usuarios a montar el sistema de archivos. Esta opción implica las opciones **noexec**, **nosuid** y **nodev**,

sw debe indicarse para permitir la activación automática de la zona de swap,

usrquota para permitir la activación del mecanismo de cuotas de usuario,

grpquota para permitir la activación del mecanismo de cuotas para los grupos.

Campo 5 Indica al mandato **dump** si debe tener en cuenta, o no, el sistema de archivos.

Campo 6 Indica el orden según el cual el mandato **fsck** examina el sistema de archivos. Un valor de 0 suprimirá la etapa de verificación de **fsck**. Lógicamente, el sistema de archivos raíz debe tener un valor de 1 y los demás deben tener valores superiores. Los sistemas de archivos que se encuentren en unidades diferentes pueden tener el mismo valor, ya que en este caso, **fsck** lanzará varios procesos hijos que trabajarán de forma paralela, lo que acelera la etapa de verificación. Los sistemas de archivos albergados en el mismo periférico deben ser examinados secuencialmente. Su tratamiento en paralelo por los procesos hijos tendría como efecto una disminución del rendimiento imponiéndole movimientos inútiles al mecanismo lector.

La figura siguiente muestra un ejemplo de archivo */etc/fstab* :

```
/dev/hda3   /                     ext2  defaults  1  1
/dev/hdb1   /usr/local            ext2  defaults  1  1
/dev/hda4   /archives             ext2  defaults  1  1
/dev/hda2   swap                  swap
/dev/hda1   /usr/local/oracle     ext2  defaults  1  1
none        /proc                 proc  defaults  1  1
/dev/fd0    /fdmnt                vfat  noauto
```

4. Montado automático de sistemas de archivos

El archivo */etc/fstab* permite montar sistemas de archivos de forma automática gracias al mandato **mount -a** ejecutado por un script de inicialización (*/etc/rc.d/rc.S* para una distribución Slackware y */etc/rc.d/rc.sysinit* para una distribución Redhat).

L. Desmontado de un sistema de archivos: umount

El desmontado de un sistema de archivos se hace con la ayuda del mandato **umount** indicando el archivo especial utilizado por el sistema de archivos o el punto de montaje.

Este mandato posee las opciones siguientes:

`-a` Para desmontar todos los sistemas de archivos. Esta opción sólo se utiliza (normalmente) en el momento de apagar el sistema, para garantizar que todos los sistemas de archivos se desmontan correctamente.

`-n` Petición de desmontado de un sistema de archivos sin actualizar el archivo */etc/mtab*.

`-r` Vuelve a montar el sistema de archivos en modo solo lectura si el desmontado fallo.

`-t<tipo>` Sólo desmonta los sistemas de archivos de tipo especificado.

Observemos que los sistemas de archivos tan sólo pueden desmontarse si no hay ningún proceso que esté accediendo a sus archivos. Si este no es el caso, puede resultar útil utilizar el mandato siguiente: **fuser**.

LL. Procesos utilizando un sistema de archivos: **fuser**

Puede ocurrir que sea imposible desmontar un sistema de archivos debido a que al menos uno de ellos esté siendo utilizado:

```
merlin]# umount /home
umount: /home: dispositivo está ocupado
```

Puede resaltar útil conocer los archivos implicados, así como los procesos y usuarios responsables, lo que se consigue gracias al mandato **fuser**.

Su sintaxis es la siguiente:

```
fuser [opciones] nombre ...
```

Los argumentos nombre pueden ser archivos, directorios, o archivos especiales. Por omisión, el mandato proporciona, para cada argumento, la lista de PID (*Identificadores de proceso*) de los procesos que utilizan cada argumento, si los hay (véase figura siguiente). Señalemos que a cada PID le sigue un carácter indicador del tipo de acceso:

- `c` indica que se trata del directorio actual,
- `e` indica que se trata de un ejecutable,
- `f` archivo abierto (omitido en la salida estándar del archivo),
- `r` directorio raíz,
- `m` biblioteca compartida.

```
[110]-system(merlin)~:fuser /home/* /home/system/prueba/*
/home/system: 108c 122c 126c 128c 129c 3332c 3334c  4754c
/home/system/prueba/ver_nice:  5555e
```

↓notas personales↓

Las opciones posibles son las siguientes:

- `-a` Muestra todos los argumentos, mientras que sin esta opción se muestran solamente los argumentos que están siendo accedidos.
- `-k` Envía la señal *SIGKILL* a los procesos que utilizan los argumentos (para enviar otra señal, véase más adelante).
- `-i` Pide confirmación antes de enviar la señal a los procesos.
- `-l` Muestra la lista de las señales disponibles.
- `-m` Indica que el argumento es un sistema de archivos y pide que se traten todos los procesos que accedan a los archivos de este sistema.
- `-n <espacio>` Selecciona un espacio de nombres. Por omisión se trata del de archivos. Los espacios de nombres posibles son:
  - **file** para el espacio de nombres de los archivos,
  - **udp** para los puertos UDP,
  - **tcp** para los puertos TCP.
- `-s` No muestra nada por pantalla, ignorándose las opciones `-a`, `-u` y `-v`. El interés de esta opción reside en evitar tener que redirigir la salida del mandato cuando se la utiliza en un script, como tarea en segundo plano o la utiliza el cron.
- `-señal` Indica la señal a enviar en lugar de la señal *SIGKILL* que se envia por omisión.
- `-u` Indica el nombre del usuario de cada proceso.
- `-v` Para cada proceso se menciona el nombre del usuario, el PID, el tipo de acceso y el nombre del proceso.

```
[merlin]# fuser
/tmp/tmp:     127c  6011c  6031c
[merlin]# fuser -u /tmp
/tmp:         127c(system) 6011c(root)  6031c(system)
[merlin]# fuser -v /tmp
             USER        PID  ACCESS   COMMAND
/tmp         system      127  ..c..    bash
             root       6011  ..c..    procgr3
             system     6031  ..c..    lab.1
             root     kernel  mount    /tmp
[merlin]# fuser -vm /tmp
             USER          PID ACCESS   COMMAND
/tmp         sgbd           83  f....  postmaster
             root           99  f....  X
             system        126  f....  GoodStuff
             system        127  c..    bash
             system        128  f....  FvwmPager
             root         6010  e.     proc2
             root         6011  ce.    procgr3
             system       6025  e.     lab.1
             system       6031  ce.    lab.1
```

Podemos observar en la imagen anterior la indicación **kernel** en la columna **PID** y **mount** en la columna **ACCESS**. Eso significa que este directorio está siendo utilizado como punto de montaje por el núcleo. Estas indicaciones sólo aparecen con la opción `-v`. Cuando el núcleo es el único que utiliza uno de los argumentos del mandato **fuser**, entonces no aparece en el listado por omisión. Sin embargo, **fuser** aconseja la utilización de la opción `-v` para indicar, al menos, que hay alguna actividad:

```
[merlin]# fuser /tmp/tmp:
 No process references; use -v for the complete list
[merlin]# fuser -v /tmp
                USER        PID ACCESS COMMAND
/tmp             root     kernel mount  /tmp
```

↓notas personales↓

M. Verificación y reparación de un sistema de archivos: fsck

Ocasionalmente, las informaciones almacenadas en el superbloque no coinciden con la estructura real del sistema de archivos; en estos casos, se suele hablar de estado "incoherente". Esta situación se da generalmente después de una parada brutal del sistema, lo que impide la actualización del superbloque en el disco.

La utilidad **fsck** permite suprimir las incoherencias en la mayoría de los casos.

Por otra parte, cuando un sistema de archivos se monta un determinado número de veces sin efectuar la verificación, en el arranque siguiente tiene lugar una verificación automática.

En realidad, la utilidad **fsck** no es directamente responsable de la verificación o de la reparación de un sistema de archivos. Existen varias utilidades, unas encargadas de la verificación y otras de la reparación de un tipo de sistemas de archivos, que son invocadas directamente por **fsck**, que se convierte en una interfaz entre el administrador y estas utilidades:

```
[merlin]# cd /sbin
[merlin]# ls -l *sck*
-rwxr-xr-x   1 root   bin     21864 May 23  1996 dosfsck*
-rwxr-xr-x   2 root   root   251552 Nov 29 15:40 e2fsck
-rwxr-xr-x   1 root   root     8796 Nov 29 15:40 fsck*
-rwxr-xr-x   2 root   root   251552 Nov 29 15:40 fsck.ext2*
-rwxr-xr-x   1 root   bin     12512 Oct  2  1996 fsck.minix*
-rwxr-xr-x   1 root   bin     22356 May 23  1996 xfsck*
```

Aquí tan sólo trataremos del funcionamiento general de **fsck**.

Es aconsejable hacer las verificaciones en modo monousuario y sobre sistemas de archivos desmontados. Utilizar **fsck** en un sistema de archivos montado puede estropearlo irremediablemente, cosa que **fsck** advierte de una forma muy explícita:

```
[merlin]# fsck /home
Parallelizing fsck version 1.12 (9-Jul-98)
e2fsck 1.12, 9-Jul-98 for EXT2 FS 0.5b, 95/08/09
/dev/sda1 is mounted.

WARNING!!!  Running e2fsck on a mounted filesystem may cause
SEVERE filesystem damage.

Do you really want to continue (y/n)? no

check aborted.
```

En efecto, en el caso de un sistema de archivos montado, si se hace alguna reparación, se hará en el disco y una parada normal las chafaría gracias al mandato **sync**. Hay que tener cuidado de parar el sistema sin utilizar el mandato **sync**.

1. Funcionamiento de **fsck**

El funcionamiento de fsck se efectua en cinco fases:

fase 1	En cuyo transcurso se produce la verificación de los inodos, los bloques y los tamaños.
fase 2	Fase de búsqueda.
fase 3	En el transcurso de la cual se buscan los directorios no referenciados.
fase 4	Fase de búsqueda de archivos no referenciados, de bloques defectuosos y de enlaces "por resolver", es decir, que apuntan hacia un archivo o directorio inexistente.
fase 5	Búsqueda de bloques incorrectos o no utilizados.

↓notas personales↓


```
[merlin]# fsck /dev/sda1
Parallelizing fsck version 1.12 (9-Jul-98)
e2fsck 1.12, 9-Jul-98 for EXT2 FS 0.5b, 95/08/09
Pass 1    Checking inodes, blocks, and sizes
Pass 2    Checking directory structure
Pass 3    Checking directory connectivity
Pass 4    Checking reference counts
Pass 5    Checking group summary information
/dev/sda1: 23418/133120 files (8.9% non-contiguous)
, 487484/532464 blocks
```

2. Opciones de fsck

`-A` Verifica los sistemas de archivos presentes en el archivo */etc/fstab* de una sola pasada.

`-R` Combinada con la opción `-A`, pide que no se verifique el sistema de archivos raíz.

`-T` No muestra la línea de cabecera.

`-P` Combinada con la opción `-A`, pide la verificación en paralelo de varios sistemas de archivos.

`-s` Solicita la ejecución de varios procesos **fsck** de forma secuencial y no paralela. Esto es necesario cuando el proceso tiene que interactuar con el administrador.

`-V` Muestra una información más completa sobre el desarrollo de la sesión **fsck**.

`-t` Especifica el tipo de los sistemas de archivos a verificar.

`-a` Solicita la reparación automática sin hacerle ninguna pregunta al usuario. Esto puede ser peligroso y generalmente sólo se utiliza en la inicialización del sistema.

N. Gestión del swap

El término *swap* se emplea indistintamente para hablar de paginación y de *swapping*, aunque se traten de dos mecanismos totalmente diferentes.

La zona de swap definirse de dos formas distintas:

- bien se le atribuye toda una partición,
- o bien utiliza un archivo en el seno de un sistema de archivos ya existente.

A pesar de que la segunda sea más flexible, ya que permite añadir o retirar zona de swap de un sistema de acuerdo con las necesidades, la primera opción es la más empleada actualmente.

La zona de swap definida en una partición no es un sistema de archivos propiamente dicho. Sin embargo, se gestiona como un sistema de archivos en el sentido de que hay que montarlo en el arranque del sistema.

1. Creación de una zona de swap: **mkswap**

Ante todo, requiere la creación de una partición utilizando el mandato **fdisk**, a la que se le atribuirá el tipo 82 (swap de Linux). Sin embargo, a pesar de que los scripts de instalación actuales atribuyen automáticamente este tipo 82, lo cierto es que el núcleo lo ignora.

A continuación hay que inicializarlo con el mandato **mkswap**. Esto se hace utilizando la sintaxis siguiente:

```
mkswap [-c][-v0|-v1] <archivo especial>
[número de bloques]
```

En caso de que no se indique el número de bloques, **mkswap** lo determinará automáticamente en función del tamaño de página y del tamaño de la partición.

↓notas personales↓

Además, el tamaño de la zona de swap se redondea por omisión, de manera que sea un múltiplo entero del tamaño de página.

La opción `-c` permite verificar la partición y detectar la posible presencia de bloques defectuosos. En caso de que los haya, muestra su número.

La opción `-v0` crea una zona de swap versión antigua, mientras que `-v1` crea una swap versión nueva. Por omisión, se elige el tipo antiguo si el tamaño de la partición no excede el tamaño máximo permitido por la versión antigua, siempre y cuando la versión del núcleo sea anterior a la 2.1.117.

2. Activación de la zona de swap: **swapon**

Una vez creada, podremos utilizar la zona de swap. Pero antes, es necesario activarla. Esto puede hacerse manualmente o, lo que es más normal, automáticamente al producirse el arranque del sistema, a condición de que la zona de swap esté definida en el archivo */etc/fstab* de la forma siguiente:

```
/dev/hdc1        none        swap        sw
```

La activación automática tiene lugar gracias a uno de los scripts de inicialización:

– */etc/rc.d/rc.local* para una distribución Slackware,
– */etc/rc.d/rc.sysinit* para una distribución Redhat.

El mandato utilizado es **swapon** cuya sintaxis es la siguiente:

```
swapon {-a | <archivo especial>}
```

Este mandato activa, bien todos los periféricos de swap cuando se utiliza la opción `-a`, o bien el periférico asociado al archivo especial que se pasa como argumento.

En el caso de varios periféricos de swap, Linux puede gestionar hasta ocho zonas de swap. Es aconsejable atribuirles particiones situadas en discos diferentes y, en la medida de lo posible, en controladoras diferentes, con el fin de optimizar los rendimientos. En caso de que sea así, es posible y aconsejable asignar las prioridades más elevadas a las particiones situadas en los discos más rápidos. La prioridad de una zona de swap se define mediante pri=valor en el cuarto campo del archivo */etc/fstab*:

```
/dev/hdc1        none        swap        sw,pri=10
```

3. Desactivación de la zona de swap: swapoff

La desactivación de un periférico de swap se hace con la ayuda del mandato **swapoff**:

```
swapoff {-a | <archivo especial>}
```

La opción `-a` en lugar del nombre del periférico provoca la desactivación de todas las zonas de swap activadas.

↓notas personales↓

Gestión de los usuarios y de los grupos

En este capítulo, supondremos que tenemos instalado en el sistema el conjunto de programas *shadow*.

Un usuario no tiene porqué ser una persona física. Es un ente capaz de ejecutar programas y ser propietario de archivos en un sistema. Así pues, un usuario puede ser otro sistema informático, alguna función del sistema o un grupo de individuos. Algunos usuarios sólo existen con el objetivo de poseer un conjunto de archivos y ejecutar los procesos requeridos por un subsistema particular. En este caso, se habla, a menudo, de "pseudo-usuarios".

La gestión de los usuarios se hace gracias a la ayuda de los tres archivos siguientes:

- */etc/passwd*,
- */etc/group*,
- */etc/shadow*.

A. Etapas de la creación de una nueva cuenta

Crear una cuenta, se reduce a:

- asignarle un nombre de conexión al usuario,
- incluirlo en un grupo primario y eventualmente en grupos secundarios,
- proporcionarle una contraseña,
- definir los parámetros de envejecimiento de la contraseña,
- crear su directorio de conexión,
- poner los archivos de inicialización (*/etc/skel/**) en su directorio de conexión.

↓notas personales↓

Esto puede hacerse editando manualmente los tres archivos */etc/passwd*, */etc/group* y */etc/shadow*. Sin embargo, no es aconsejable hacerlo por tres razones:

– se corre el riesgo de cometer algún error de entrada de datos que podría inutilizar los archivos e impedir conectarse de nuevo al sistema.

– si el administrador edita el archivo */etc/passwd* o */etc/shadow* mientras un usuario está cambiando su contraseña, el cambio de contraseña no tiene lugar si el administrador guarda el archivo después de que el usuario haya terminado de cambiar su contraseña.

Por estas razones, es muy aconsejable utilizar el mandato **useradd**. Este modifica correctamente los archivos, lo que satisface nuestra primera necesidad, ya que actúa sobre los archivos de una forma "atómica", es decir, no sobre la globalidad del archivo sino tan sólo sobre la línea implicada, satisfaciendo así nuestra segunda necesidad. Además, puede crear el directorio de conexión y copiar los archivos de inicialización.

Toda creación de cuenta puede basarse en los parámetros por omisión almacenados en el archivo */etc/default/useradd*, cuyo contenido se detallará posteriormente.

Antes de abordar la creación de una cuenta, vamos a detallar la estructura de los archivos */etc/passwd*, */etc/shadow* y */etc/group*.

B. Estructura del archivo */etc/passwd*

Se trata de un archivo orientado a la línea: a cada línea le corresponde un usuario. Cada línea está constituida por siete campos, separados los unos de los otros por el carácter ":". Estos campos son:

nombre:x:UID:GID:información:directorio de conexión:shell de conexión

nombre	Este nombre, de ocho caracteres como máximo, se utiliza como procedimiento de identificación y de comunicación entre usuarios.
x	Se trata del campo que contiene la contraseña cifrada, situado ahora en el archivo */etc/shadow* por razones de seguridad. Con el fin de no modificar la estructura de este archivo, se ha reemplazado la contraseña por el carácter *.
UID	Identificador numérico de la cuenta.
GID	Identificador numérico del grupo primario del que la cuenta es miembro.
información	Al principio, este campo contenía informaciones accesibles con la ayuda de utilidades como **finger**. Hoy en día, se aconseja dejar vacío este campo, ya que el mandato **finger** puede ejecutarse desde una estación remota.
directorio de conexión	Se trata del directorio en el que se encuentra el usuario cuando consigue conectarse.
shell de conexión	Este shell se lanza una vez establecida la conexión. En los sistemas Linux, el shell más normal es **Bash**, seguido por **tcsh**. Pero es perfectamente posible utilizar otro shell. En caso de que así sea, hay que asegurarse de que su nombre figura en el archivo */etc/shells*, y si no es así, hay que añadirlo.

↓notas personales↓

La imagen siguiente muestra un extracto de un archivo */etc/passwd*:

```
root:x:0:0:root,,,:/root:/bin/bash
bin:x:1:1:bin,,,:/bin:
daemon:x:2:2:daemon,,,:/sbin:
adm:x:3:4:adm,,,:/var/adm:
lp:x:4:7:lp,,,:/var/spool/lpd:
sync:x:5:0:sync,,,:/sbin:/bin/sync
shutdown:x:6:0:shutdown,,,:/sbin:/sbin/shutdown
halt:x:7:0:halt,,,:/sbin:/sbin/haltmail:x:8:12:mail
,,,:/var/spool/mail:
news:x:9:13:news,,,:/usr/lib/news:
uucp:x:10:14:uucp,,,:/var/spool/uucppublic:
operador:x:11:0:operador,,,:/root:/bin/bash
man:x:13:15:man,,,:/usr/man:
postmaster:x:14:12:postmaster,,,:/var/spool/mail:
/bin/bash
ftp:x:404:1:,,,:/home/ftp:/bin/bash
grass:x:503:100:GIS_MANTENIMIENTO,,,:/home/grass:/
bin/bash
system:x:504:100:administrador sistema,,,:/home/
system:/bin/bash
nobody:x:65535:100:nobody,,,:/dev/null:
sgbd:x:507:105::/home/sgbd:/bin/sh
webroot:x:1050:110:Administrador Web :/home/webmas
ter:/bin/bash webuser:x:1051:110:Usuario Web:/home/
webmaster:/bin/false
squid:x:1052:20:Administrador Proxy:/usr/local/
squid:/bin/bash
calcul:x:1053:20:pri=-5:/home/calcul/bin/bash
```

C. Estructura del archivo */etc/shadow*

Este archivo está estructurado en líneas, una por usuario. Cada línea está constituida por campos:

Campo 1 Nombre del usuario.

Campo 2 Contraseña cifrada que puede venir precedida por *LK* en el caso de una cuenta bloqueada o por *RETIRED* en el caso de una cuenta suprimida.

Campo 3 Número de días transcurridos desde el último cambio de contraseña, contados a partir del 01/01/1970.

Campo 4 Número mínimo de días que deben transcurrir antes de que se pueda modificar la contraseña.

Campo 5 Número máximo de días que tendrá validez la contraseña. Una vez transcurridos, habrá que cambiarla.

Campo 6 Número de días, antes de la fecha de caducidad, que se avisará al usuario de la próxima expiración de su contraseña.

Campo 7 Número de días, tras la expiración de la contraseña, al cabo de los cuales se desactivará la cuenta.

Campo 8 Número de días, contados a partir del 01/01/1970, al cabo de los cuales la cuenta se desactivará automáticamente.

↓notas personales↓

D. Verificación de los archivos */etc/passwd* y */etc/shadow*: **pwck**

Recordemos que es preferible no modificar directamente estos archivos, ya que cualquier error en los archivos podría tener como consecuencia la imposibilidad por parte de los usuarios normales de acceder al sistema o, peor todavía, impedir cualquier conexión al sistema. En caso de que sea indispensable realizar una intervención manual en uno u otro de estos archivos, hay que comprobar enseguida que las modificaciones realizadas no contienen ni generan ningún error.

El mandato **pwck** permite verificar la sintaxis de estos archivos. Las verificaciones se realizan sobre los aspectos siguientes:

- número de campos
- unicidad de los nombre de usuario
- validez de los identificadores de usuario y de grupo
- validez del grupo primario
- validez del directorio de conexión
- validez del shell de conexión

Si **pwck** detecta una línea con un número incorrecto de campos, propone su eliminación. En caso de rechazarla, se interrumpe la verificación. En caso de que haya un usuario duplicado, **pwck** pregunta si hay que borrar la línea que contiene el doble. Sin embargo, al contrario que en el primer caso, si se rechaza el borrado no se pone fin a la verificación.

Por omisión, la utilidad verifica los dos archivos */etc/passwd* y */etc/shadow*. Pero es posible verificar otros archivos pasándole sus nombres como parámetros. Hay que señalar que los archivos alternativos tienen que tener todos ellos la misma estructura que los archivos /etc/passwd y */etc/shadow*. Por otra parte, utilizando la opción `-r`, los archivos tan sólo se abren en modo lectura y las respuestas a las sugerencias deberán ser siempre negativas.

```
[merlin]# pwck
user news: directory /usr/lib/news does not exist
invalid user name 'postmaster'
user toto: no group 106
user nobody: bad UID (65535)
no matching password file entry
delete line '1053:yYJh7BxohinJ.:10660:0:0:0:7:10660:0'? y
pwck: the files have been updated
```

E. Creación de una cuenta de usuario

El mandato a utilizar es **useradd**. Este mandato forma parte del conjunto de programas shadow, y es idéntico al mandato **useradd** de Unix System V Release 4. Debemos proporcionarle el conjunto de características de la cuenta a crear.

1. Opciones de creación de una cuenta

Cada una de las opciones siguientes define una de las características de la cuenta a crear:

`-c com` Rellena el campo comentario del archivo */etc/passwd*.

`-d dir` Indica el directorio de conexión de la cuenta a crear.

`-e fecha` Define la fecha de caducidad de la cuenta. La fecha debe introducirse con formato MM/DD/AA.

`-f inactivo` Precisa el número máximo de días desde la expiración de la contraseña, a partir de los cuales la cuenta se desactivará de forma automática. Un valor de 0 desactiva la cuenta en el mismo momento que la contraseña caduca, y un valor de -1 indica que la cuenta no se desactivará jamás aunque caduque la contraseña.

`-g grupo` Define el grupo primario, bien por un gid o por un nombre de grupo que, en este caso, debe existir en el archivo */etc/group*.

`-G grupos` Define la lista de los grupos secundarios a los que pertenecerá la cuenta a crear. Esta lista está constituida por los nombres de los grupos, separados los unos de los otros por una coma. En esta lista no deben haber espacios. Por otra parte, deben tratarse de grupos válidos, es decir, presentes en el archivo */etc/group*.

`-m [-k dir]` En caso de que no exista, solicita la creación del directorio de conexión, si éste no existe. Además, los archivos de configuración presentes en el directorio */etc/skel* se copiarán al directorio de conexión creado. Con la opción `-k` se puede indicar un directorio distinto a */etc/skel* para conseguir los archivos de configuración.

`-s shell` Define el shell de conexión.

`-u uid [-o]` Asigna el uid a la cuenta. Éste debe ser único y positivo. Por omisión, el uid es el número más pequeño superior a 99 y a todos los uid ya atribuidos. La opción permite atribuir un uid que no sea único.

Generalmente, los valores comprendidos entre 0 y 99 se reservan para las cuentas del sistema.

2. Valores por omisión

En ausencia de determinadas opciones, el mandato **useradd** puede basarse en los valores por omisión almacenados en el archivo */etc/default/useradd*, del que, a continuación, mostramos un ejemplo:

```
# cat /etc/default/useradd
GROUP=100
HOME=/home
INACTIVE=0
EXPIRE=0
SHELL=/bin/bash
SKEL=/etc/skel
```

Si este archivo no existe, puede crearse con un editor de texto. Su presencia facilita la creación de una cuenta y especialmente, la creación de varias cuentas con las mismas características. Permite especificar el valor por omisión de seis características utilizadas en el momento de la creación de la cuenta:

GROUP Identificador del grupo primario de la cuenta.

HOME directorio de conexión de la cuenta.

INACTIVE Número de días al cabo de los cuales se desactiva la cuenta.

EXPIRE Número de días al cabo de los cuales se debe cambiar la contraseña.

SHELL Shell de conexión asignado a la cuenta.

SKEL Directorio que contiene los archivos que, por omisión, se copiarán al directorio de la cuenta recién creada.

En ausencia de este archivo, los valores por omisión son los siguientes:

- GROUP=1
- HOME=/home
- INACTIVE=-1
- EXPIRE=
- SHELL=
- SKEL=/etc/skel

La opción `-D` del mandato **useradd** permite la visualización del archivo */etc/default/useradd* o en su defecto, de los valores precedentes. Asimismo, permite modificar de este archivo utilizando una o varias de las opciones siguientes:

`-b home`	Proporciona el prefijo asignada al nombre del usuario, que define su directorio de conexión.
`-e expira`	Especifica la fecha de caducidad de la cuenta.
`-f inactivo`	Especifica el número de días, después de la expiración de la contraseña, al cabo de los que se desactivará la cuenta.
`-g grupo`	Define el grupo por omisión. El argumento grupo puede ser el gid o el nombre de un grupo existente en el archivo /etc/group.
`-s shell`	Indica el nuevo shell que se utilizará por omisión.

Observemos que estas opciones no permiten la creación del archivo */etc/default/useradd*. Este debe existir para poderlo modificar mediante estas opciones.

F. Gestión de los grupos

1. Grupo primario, grupos secundarios

Cada usuario es miembro, como mínimo, de un grupo, definido durante la creación de su cuenta y al que se denomina **grupo primario**.

Además, puede ser miembro de varios grupos más, llamados **grupos secundarios**. Para eso utilizamos el archivo */etc/group*. A semejanza del archivo */etc/passwd*, el archivo */etc/group* esta orientado a la línea, definiendo cada línea un grupo con la ayuda de cuatro campos:

Campo 1 Nombre del grupo, de ocho caracteres como máximo.

Campo 2 Contraseña. Hoy en día, este campo se ha invalidado y tiene que estar vacío.

Campo 3 ID del grupo. Como en el caso de los usuarios, permite que el sistema identifique al grupo de forma exclusiva.

Campo 4 Lista de los usuarios miembros. Estos miembros están separados los unos de los otros por una coma.

No es necesario que aparezca una entrada para los grupos primarios en el archivo */etc/group*; estos ya existen gracias a su mención en el archivo */etc/passwd*.

Algunos sistemas (no Linux) rechazan la conexión de un usuario si su grupo primario no tiene una entrada en /etc/group. En le caso de Linux, un grupo primario no mencionado en /etc/group simplemente será un grupo sin nombre. Esto generalmente no es bueno por razones de organización.

La imagen siguiente muestra un extracto del archivo */etc/group*:

```
root::0:root,system,squid
bin::1:root,bin,daemon
daemon::2:root,bin,daemon
sys::3:root,bin,adm
adm::4:root,adm,daemon
tty::5:
disk::6:root,adm
lp::7:lp
mem::8:
kmem::9:system
wheel::10:root,system
floppy::11:root,system,webroot
mail::12:mail
news::13:news
uucp::14:uucp,system
man::15:man
operator::16:root,system
games::17:
users::100:games,system
sgbd::105:system
shadow::111:root
nogroup::-2:
web::110:
```

2. Gestión de los grupos secundarios

La gestión de los grupos secundarios no se hace de la misma manera en todos los sistemas Unix.

Linux ha adoptado el tipo de gestión utilizado desde 4.2 BSD y SVR4. En todo momento, un usuario es miembro de todos los grupos a los que pertenece (es decir, a los que se indica en el archivo */etc/group*). Debido a esto, cuando existen los permisos adecuados, un usuario puede efectuar todas las operaciones que quiera sobre los archivos que pertenezcan a uno de los grupos secundarios de los que es miembro.

Esto proporciona una gran flexibilidad a la hora de compartir archivos entre varios usuario, sin comprometer la seguridad del sistema.

Por tanto, el mandato **newgrp** no tiene el mismo interés que tenía bajo System V antes de la versión 4. Disponible en Linux, permite iniciar una nueva sesión con otro grupo primario, permitiendo que cada nuevo archivo pertenezca a este grupo.

newgrp *forma parte del conjunto de programas Shadow.*

Además, posicionando el bit SGID sobre un directorio, todos los archivos nuevos que se creen bajo este directorio pertenecerán al grupo que pertenezca el directorio. Se trata del comportamiento por omisión de los sistemas BSD, que es emulado por System V y Linux con la ayuda del SGID, lo que confiere una gran flexibilidad a la noción de grupo.

3. Creación de un grupo: groupadd

La creación de un grupo se realiza con el mandato **groupadd**, que tiene la sintaxis siguiente:

```
groupadd [-g gid [-o]] grupo
```

Se crea un grupo nuevo cuyo nombre se pasa como argumento a este mandato. La opción `-g` permite especificar el GID asignado a este nuevo grupo. El GID debe ser único, a menos que se utilice conjuntamente con la opción `-o`. Sin esta opción, el GID será el valor más pequeño superior a 99 y superior al más grande de los GID ya atribuidos. Los GID comprendidos entre 0 a 99 suelen estar reservados a los grupos del sistema.

↓notas personales↓

Bajo Linux no existe ningún mandato que permita modificar la constitución de los grupos una vez definidos en el archivo */etc/group*. Los mandatos **useradd** y **usermod**, presentados más adelante, actúan a nivel de usuarios pero no a nivel de grupos. La única opción consiste en editar manualmente el archivo */etc/group*. También, igual que con los archivos */etc/passwd* y */etc/shadow*, es indispensable verificar la coherencia de este archivos. Utilizaremos para ello la utilidad **grpck** presentada en al sección siguiente.

4. Verificación del archivo */etc/group*: grpck

Este mandato verifica la integridad del archivo */etc/group*, examinando el formato de cada línea así como la validez de los datos examinados. Cuando decimos formato nos estamos refiriendo al número de campos y la validez de los datos hace referencia al hecho de que cada grupo debe ser único y los miembros de un grupo deben estar definidos en el archivo */etc/passwd*. En caso de error, se pide al usuario que suprima las entradas erróneas. Si se trata de un error que puede ser fatal, tal como un número incorrecto de campos o un nombre de grupo duplicado, cualquier respuesta negativa a la petición de borrado pondrá fin a la verificación. Al igual que ocurre con el mandato **pwck**, la opción `-r` permite que sólo se haga una verificación. Todas las posibles respuestas serán negativas. La imagen siguiente muestra un ejemplo de ejecución de este mandato.

```
[merlin]# grpck -r
group users: no user games
delete member 'games'? No
grpck: no changes
```

5. Modificación de las características de un grupo: **groupmod**

Es posible modificar el nombre de un grupo y/o su gid editando el archivo */etc/group*, sin embargo es preferible utilizar el mandato **groupmod** previsto a este efecto, con el fin de evitar cualquier riesgo de error que pudiera ser perjudicial para el sistema.

La sintaxis de este mandato es la siguiente:

```
groupmod [g gid [-o] [-n nombre] grupo
```

Las opciones son las siguientes:

`-g gid`	Modifica el GID del grupo especificado. Este debe ser único, a menos que se especifique la opción `-o`.
`-n nombre`	Cambia el nombre del grupo, asignándole el argumento nombre pasado gracias a la opción `-n`.

La modificación del GID de un grupo no debe hacerse a la ligera, ya que cambiar el GID de un grupo equivale a crearlo de nuevo. A todos los archivos que pertenezcan a este grupo no se les va a reasignar el nuevo grupo de forma automática. Para reasignar todos los archivos pertenecientes a un grupo antes de la modificación de su GID, se puede utilizar el mandato siguiente:

```
find . -group 1000 -exec chgrp grp1 {} \;
[merlin]# ls -l archivo_1
-rw-r--r--   1 root     grp1       0 May  4 10:43 archivo_1
[merlin]# ls -ln archivo_1
-rw-r--r--   1 0        1000       0 May  4 10:43 archivo_1
[merlin]# groupmod -g 2000 grp1
[merlin]# ls -l archivo_1
-rw-r--r--   1 root     1000       0 May  4 10:43 archivo_1
[merlin]# find . -group 1000 -exec chgrp grp1 {} \;
[merlin]# ls -l archivo_1
-rw-r--r--   1 root     grp1       0 May  4 10:43 archivo_1
[merlin]# ls -ln archivo_1
-rw-r--r--   1 0        2000       0 May  4 10:43 archivo_1
```

↓notas personales↓

La composición de un grupo no puede modificarse con el mandato **groupmod**. *La pertenencia a un grupo es una característica propia de los usuarios. Por esta razón, para añadir usuarios a un grupo, o para suprimirlos, hay que utilizar el mandato* **usermod** *para cada uno de los usuarios implicados.*

6. Supresión de un grupo: groupdel

A semjanza de lo que ocurre en el caso de la modificación de un grupo, su eliminación también puede efectuarse editando el archivo */etc/group*. Sin embargo, por las mismas razones que antes, es preferible utilizar el mandato **groupdel**.

La sintaxis de este mandato es la siguiente:

```
groupdel <nombre del grupo>
```

Una vez borrado un grupo, los archivos que le pertenecían se quedan "huérfanos". Por esta razón, hay que eliminarlos o traspasarlos a otro grupo.

```
[merlin]# ls -l archivo_1
-rw-r--r--    1 root      grp1       0 May  4 10:43 archivo_1
[merlin]# groupdel grp1
[merlin]# ls -l archivo_1
-rw-r--r--    1 root      2000       0 May  4 10:43 archivo_1
[merlin]# find . -group 2000 -exec chgrp root {} \;
[merlin]# ls -l archivo_1
-rw-r--r--    1 root      root       0 May  4 10:43 archivo_1
```

No es posible borrar el grupo primario de un usuario sin borrar previamente al usuario.

G. Modificación de las características de una cuenta: **usermod**

Con la ayuda del mandato **usermod**, es posible modificar el conjunto de las características de una cuenta con la excepción de la contraseña, modificable gracias al mandato **passwd**.

El mandato **usermod** admite todas las opciones de la utilidad **useradd** y, además, la opción `-l` que permite modificar el nombre de un usuario, a condición de que no esté conectado.

No es aconsejable modificar el nombre de una cuenta cuando está utilizándose, entre otras cosas, por los problemas que pudieran ocurrir con la mensajería y con el proceso **crond**.

Por otra parte, es necesario tomar algunas precauciones cuando se modifica el UID de una cuenta. En efecto, si bien se modifica adecuadamente el UID de los archivos contenidos en el directorio de conexión, no es este el caso de los archivos que se encuentran fuera de este directorio.

Además, es preferible asegurarse de que el usuario cuyo UID deseamos modificar no tiene ningún proceso en curso de ejecución, ya que de no ser así estos procesos acabarían con un UID incorrecto. Para finalizar, hay que modificar el propietario de las tareas en espera de impresión y de ejecución por **at** y por **cron**.

↓notas personales↓

H. Borrado de una cuenta: userdel

El mandato **userdel** sirve para borrar una cuenta. Su sintaxis es la siguiente:

```
userdel [-r] login
```

Se borrarán todas las entradas o referencias de la cuenta login en los archivos */etc/passwd*, */etc/shadow* y */etc/group*. Además, si se especifica la opción `-r`, se borrarán el directorio de conexión y todos los archivos que contiene. Sin embargo todos los archivos que se encuentren fuera de este directorio deberán borrarse manualmente utilizando, por ejemplo, el mandato siguiente:

```
find / -user login -exec rm {} \
```

Es evidente que este mandato elimina un directorio por el mero hecho de pertenecer al login de un usuario, incluso si contiene archivos o directorios que no le pertenecen.

Este mandato no autoriza el borrado de la cuenta de un usuario que esté actualmente conectado al sistema.

Además, para borra una cuenta haz que realizar las operaciones siguientes:

- suprimir los procesos todavía en ejecución que hayan sido parados por el propietario de la cuenta.
- suprimir el crontab de la cuenta.
- suprimir las tareas en espera de ejecución diferida (**at**).
- borrar los mensajes de correo electrónico que haya en el archivo */var/spool/mail/<nombre de la cuenta>*
- suprimir las peticiones de impresión.

I. Parametrización de las conexiones mediante login

El mandato **login** del paquete shadow posee una gran flexibilidad de cara a su configuración. Ésta se apoya en el archivo */etc/login.defs* que es leído por el proceso login cada vez que se lanza. Observemos que este archivo también lo hacen servir otras utilidades del conjunto de programas *shadow*.

Contiene un buen número de directrices. Las más importantes se abordarán a lo largo de este capítulo.

J. Restricciones de acceso a los terminales

Existen dos sistemas de restricción de acceso. El primero es de tipo general y concierne a todo el conjunto de usuarios, mientras que el segundo sólo se aplica al administrador, prohibiéndole el acceso al sistema desde ciertos terminales.

1. Restricciones generales: */etc/porttime*

Es posible limitar el acceso a todos o algunos terminales en función de los usuarios y del horario de conexión. Las reglas de restricción se indican en el archivo */etc/porttime*.

Las opciones de este archivo se tienen en cuenta gracias al mandato ***login*** *del paquete shadow.*

Este archivo tiene una regla por línea, y cada regla está formada por tres campos separados por el carácter ':'.

El primer campo contiene una lista de terminales bajo la forma de archivos especiales sin el prefijo */dev/*. El carácter * puede utilizarse para indicar todos los terminales posibles.

El segundo contiene la lista de los usuarios a los que se les tiene que aplicar la regla. Igual que con los terminales, el carácter * evita tener que escribir todos los usuarios del sistema, eliminando de paso un posible olvido.

El tercer campo contiene una lista de bandas horarias. Una banda horaria se indica mediante una hora de comienzo con el formato HHMM separadas de una hora de finalización por el carácter "-". Por ejemplo la banda que comienza a las 8h y termina a las 17h 30 se define por 0800-1730.

Es posible limitar una banda a uno o a varios días utilizando los siguientes prefijos:

Su : Domingo
Mo : Lunes
Tu : Martes
We : Miércoles
Th : Jueves
Fr : Viernes
Sa : Sábado
Wk : Lunes a viernes
Al : Todos los días

Observe que hay que respetar la distinción entre mayúsculas y minúsculas. Por otra parte, si no se especifica nada, la regla se aplicará todos los días.

K. Limitación de los dispositivos utilizados por cada usuario

En la mayor parte de los casos, la instalación estándar proporciona una configuración que no limita prácticamente la utilización de los recursos por parte de los usuarios. En este modo, un usuario puede bloquear o ralentizar hasta el extremo el sistema debido a un consumo ilimitado de los recursos disponibles. Puede tratarse de la utilización de la memoria, del número de archivos abiertos, que cuando llegan al máximo impiden la apertura de un nuevo archivo y, el caso más grave, llegar al máximo de procesos ejecutándose.

Esta situación puede entrañar dos reacciones posibles en función de la causa:

- si se trata de una petición real por parte del usuario, el sistema deberá reconfigurarse para optimizarlo.
- si se trata de una mala manipulación o de un ataque, en este caso hay que tener la posibilidad de prevenirlo.

Así pues, hay que tener cuidado de que los usuarios no puedan poner en peligro el funcionamiento del sistema limitándoles los recursos a que tengan acceso.

Para esto utilizaremos el mandato interno ulimit de los shell Bash o Ksh. En esta sección nos limitaremos al shell-Bash, siendo el funcionamiento del mandato del Korn-shell prácticamente idéntico.

Existen dos tipos de limitaciones:

- las limitaciones **software** son las limitaciones de utilización de recursos que se aplican por omisión cuando se crea un proceso.
- las limitaciones **materiales** constituyen un límite superior que no podrán franquear las limitaciones software.

Por tanto, un usuario puede aumentar las limitaciones software hasta los valores definidos por las limitaciones materiales.

Visualización de los límites actuales:

– ulimit -a da los valores de las limitaciones software,
– ulimit -Ha da los valores de las limitaciones materiales.

Para modificar uno de estos valores utilice las opciones siguientes:

`c`	Tamaño máximo de los archivos core.
`d`	Tamaño máximo del segmento de datos de los procesos.
`f`	Tamaño máximo de los archivos creados por el shell.
`m`	Tamaño máximo de memoria física utilizable por un proceso.
`s`	Tamaño máximo del segmento de pila de un proceso.
`t`	Tiempo máximo de ejecución de un proceso, en segundos.
`p`	Tamaño máximo de las tuberías en bloques de 512 bytes.
`n`	Número máximo de archivos abiertos.
`u`	Número máximo de procesos que puede ejecutar simultáneamente un usuario.
`v`	Tamaño máximo de memoria virtual disponible para el shell.
`S`	Permite modificar la limitación software de una de las opciones cdfmstpnuv.
`H`	Permite modificar la limitación hardware de una de las opciones cdfmstpnuv.

La modificación interviene por omisión sobre la limitación software. Por tanto, la opción `S` *sólo es necesaria para clarificar la acción del mandato.*

Una vez se ha fijado una limitación material, ya no es posible aumentarla.

L. Informaciones a los usuarios

1. Un poco de historia...

Originalmente, cada rama de Unix tenía su propio sistema de información a los usuarios. En BSD, consiste en mostrar, en el momento de la conexión, el contenido del archivo */etc/motd*, siendo motd las iniciales de "message of the day". Tenga en cuenta que los usuarios tienen la posibilidad de desactivar este mensaje creando el archivo *.hushlogin* en su directorio de conexión.

En System V, el mecanismo es más sofisticado y tiene el nombre de *news*. El nombre de news no tiene nada que ver con los grupos de debate de internet. Se trata de un sistema totalmente independiente de cualquier red y propio del sistema. Consiste en un conjunto de archivos o artículos depositados por los usuarios autorizados en el directorio */usr/news* que contiene las informaciones a difundir, constituyendo el nombre de cada artículo el título de la información.

Este directorio constituye generalmente un enlace con /var/news.

Los usuarios pueden consultar los artículos con la ayuda del mandato **news**. La primera vez que se ejecuta crea el archivo *.news_time* en el directorio de conexión del usuario, que sirve por así decirlo como estampilla. El papel de este archivo es el de evitar que el mandato vuelva a mostrar los artículos cuya fecha sea anterior a la fecha de la última modificación de la estampilla. El mandato **news** se detallará en la sección siguiente.

Bajo Linux, al igual que con el resto de los sistemas operativos Unix, se pueden utilizar ambos sistemas de información.

2. Archivo */etc/motd*

La utilización del archivo */etc/motd* depende del mandato **login**. El login del paquete shadow permite activar o desactivar el papel del archivo *.hushlogin* gracias a la ayuda de la directriz HUSHLOGIN de su archivo de configuración */etc/login.defs*. A continuación de esta directriz debemos indicar el archivo de configuración que inhibirá la salida por pantalla del archivo */etc/motd*. Se aconseja utilizar *.hushlogin* por razones de coherencia con el resto de sistemas Unix.

3. Las news en Linux

El mandato **news** presentado aquí es aquel cuya dirección figura en el anexo. Posee todas las opciones estándar y alguna adicional.

Antes de la compilación de este mandato, es aconsejable modificar la variable NEWDIR que viene en el archivo *Makefile* y definirla como */var/news* y no */var/sysnews*. No se trata solamente de una cuestión de gustos, ya que el directorio escogido es el directorio tradicional. En el momento de la instalación, puede ser útil crear el enlace simbólico */usr/news* hacia */var/news* siempre con el objetivo de la coherencia y con fin de no desorientar demasiado a los administradores del sistema que vienen de horizontes lejanos. Aparte de esto, este mandato funciona de la forma habitual, con algunas opciones suplementarias interesantes, especialmente a nivel de gestión de artículos del directorio */var/news.*

La sintaxis general de este mandato es:

```
news [opciones] [artículo1 [artículo2 ...]]
```

Sin opciones, **news** muestra el contenido de los artículos que todavía no se han leído, es decir los archivos que son más recientes que el archivo *$HOME/.news_time*, y pone al día este último. Como regla general, este mandato se utiliza muy poco sin ninguna opción. Generalmente se utiliza con la opción `-n` que muestra el título de los artículos que todavía no se han leído, aunque evidentemente sin poner al día el archivo *.news_time*. A continuación, en función de sus intereses, el usuario puede decidir no leer este o aquel artículo. Para hacerlo no tiene más que pasarle como argumento a **news** el título de los artículos que desea leer. Pero en ese caso, no se pondrá al día el archivo de estampilla.

Las opciones estándares de **news** son las siguientes:

- `-a` Visualiza todos los artículos, incluso los que ya se han leído.
- `-n` Muestra el título de los artículos que todavía no se han leído.
- `-s` Muestra el número de artículos nuevos.

De entre las opciones específicas del mandato aquí descrito, podemos destacar:

- `-d` Muestra la fecha de los artículos siguiendo el formato (%b %d %Y (ver el mandato **date**). Esta opción no tiene mucha utilidad si no se combina como mínimo con las opciones `nl`.

↓notas personales↓

`-Dfmt` Indica otro formato para la fecha, a condición de que la opción `-d` se haya utilizado previamente (ver strftime(3) referente a las opciones de formato).

`-f` Especifica un directorio distinto a */var/news* en el que buscar los artículos.

`-l` Muestra un solo título de artículo por línea. Esto es útil por motivos de presentación.

Esta versión del mandato **news** dispone de las siguientes opciones de administración:

`-e#` Borra los artículos que tienen más de # días, salvo los artículos mencionados con la opción `-x` o aquellos cuyo nombre figure en el archivo */var/news/.noexpire*.

`-xf1,f2,f3` La opción `-e` no borra los artículos especificados por esta opción. Los nombres de los artículos a excluir deben separarse mediante una coma.

Con estas dos opciones se puede limpiar automáticamente el directorio */var/news* con la ayuda del cron, especialmente cuando las news se utilizan mucho.

Gestión de los discos

↓notas personales↓

A. Nombres de los archivos especiales

El nombre del archivo especial ligado a un periférico de almacenamiento depende de la interfaz mediante la que esté conectado:

- fdx para los lectores de disquete,
- hdnx para los discos IDE,
- sdnx para los discos SCSI.

n es una letra que identifica las unidades en función de los conectores y de su posición en estos conectores. De esta forma, para las interfaces IDE tenemos las correspondencias siguientes:

a unidad maestra en el primer conector IDE,
b unidad esclava en el primer conector IDE,
c unidad maestra en el segundo conector IDE,
d unidad esclava en el segundo conector IDE.

En el caso de una interfaz SCSI, n identifica las unidades en función de su número SCSI.

x es un número que indica el número de la partición en la unidad. Así, sdb3 identificará a la tercera partición (3) del segundo disco SCSI (b).

B. Lista de periféricos de almacenamiento

Hay varias formas de obtener la lista de periféricos de almacenamiento disponibles en el sistema. Primero, esta lista aparece en los mensaje de arranque del sistema. Para visualizarla fácilmente, podemos utilizar el mandato **dmesg** y buscar la sección Partition check. La figura siguiente muestra un ejemplo de esta sección:

```
# dmesg
...
hda: QUANTUM FIREBALL_TM1080A, ATA DISK drive
hdc: WDC AC21600H, ATA DISK drive
hdd: MATSHITA CR-583, ATAPI CDROM drive
ide0 at 0x1f0-0x1f7,0x3f6 on irq 14
ide1 at 0x170-0x177,0x376 on irq 15
hda: QUANTUM FIREBALL_TM1080A, 1039MB w/76kB Cache,
CHS=528/64/63, DMA
hdc: WDC AC21600H, 1549MB w/128kB Cache, CHS=3148/16/63,
DMA
hdd: ATAPI 8X CD-ROM drive, 128kB Cache
...
(scsi0) Adaptec AHA-294X Ultra SCSI host adapter found at
PCI 9/0
(scsi0) Narrow Channel, SCSI ID=7, 16/255 SCBs
(scsi0) Downloading sequencer code... 419 instructions
downloaded
scsi0 : Adaptec AHA274x/284x/294x (EISA/VLB/PCI-Fast SCSI)
 5.1.10/3.2.4
       Adaptec AHA-294X Ultra SCSI host adapter
scsi : 1 host.
  Vendor: QUANTUM   Model: FIREBALL540S      Rev: 1Q08
  Type:   Direct-Access                ANSI SCSI revision: 02
Detected scsi disk sda at scsi0, channel 0, id 1, lun 0
(scsi0:0:1:0) Synchronous at 10.0 Mbyte/sec, offset 8.
scsi : detected 1 SCSI disk total.
SCSI device sda: hdwr sector= 512 bytes. Sectors= 1065235
[520 MB] [0.5 GB]
...
Partition check:
 sda: sda1
 hda: hda1 hda2
 hdc: hdc1 hdc2 hdc3 hdc4
```

↓notas personales↓

Esta información es magnífica pero no resulta muy sencillo obtenerla, lo que ciertamente no constituye ningún problema ya que no se necesita cada día. Lo que importa es saber cómo obtenerla.

Otra forma más rápida de obtenerla se basa en visualizar el contenido del archivo */proc/partitions*, presente tan sólo a partir de la versión 2.2.0 del núcleo.

```
[3]-system(merlin)~:cat /proc/partitions
major minor  #blocks  name

   8     0     532617 sda
   8     1     532464 sda1
   3     0    1064448 hda
   3     1     820480 hda1
   3     2     243936 hda2
  22     0    1586592 hdc
  22     1      33232 hdc1
  22     2    1433880 hdc2
  22     3      90216 hdc3
  22     4      29232 hdc4
  22    64     260448 hdd
```

Este archivo muestra el nombre de cada disco conectado y las particiones de cada uno de ellos. Para cada elemento, encontramos igualmente el número mayor y menor del archivo especial, así como el número de bloques.

Copias de seguridad y restauraciones

En Linux existen varias utilidades de copia y restauración de archivos. En este capítulo sólo describiremos las herramientas estándar que podemos encontrar en la mayor parte de los sistemas Unix y que forman parte de las distribuciones.

Estas herramientas son:

- dump y restore
- tar
- cpio
- dd.

Debido a que tanto dump como restore se hallen aún en fase de desarrollo, todavía no se incluyen en las distribuciones y hay que instalarlos por separado.

A. Estrategias de copias de seguridad

Cuando el tamaño total de los datos a guardar no es muy elevado, es decir, que la grabación puede hacerse en un tiempo razonable, es posible hacer una copia completa de los datos.

Sin embargo, cuando los datos empiezan o ocupar un volumen importante, el tiempo que puede llevar hacer una copia incide negativamente de una forma inversamente proporcional sobre la frecuncia con que deben realizarse las copias de seguridad para, en caso necesario, recuperar los datos en un estado lo más parecido a la última grabación.

↓notas personales↓

El objetivo de una política de copias de seguridad es el de reducir al mínimo la pérdida de tiempo de trabajo en caso de que se produzca una pérdida de datos. La pérdida mínima de trabajo se divide en dos apartados:

- la pérdida de trabajo efectuado, pérdida que en ningún caso puede ser inferior a la duración de una operación de copia de seguridad,
- el tiempo necesario para la restauración de los datos.

De esta forma, si la realización de una copia de seguridad requiere más de un día, la pérdida mínima en caso de que surja algún problema está constituida por el tiempo de copia al que hay que añadir el tiempo transcurrido posteriormente y el tiempo necesario para efectuar la restauración de los datos.

B. Utilidades de copiado: dump y restore

Son las utilidades más antiguas para hacer copias de seguridad (y para recuperarlas). Aparecieron en el Unix versión 6 de AT&T. Mejoraron bajo BSD, especialmente el restore, en la versión BSD 4.2.

Se están portando a Linux y, a pesar de no haber alcanzado tadavía la versión 1.0, ya parecen muy estables.

Al principio, estaban destinadas al guardado y la restauración de una partición entera, pero ahora es posible trabajar incluso con un directorio.

Hay que advertir que, a diferencia de la mayor parte de los mandatos de Unix, las opciones de estas dos herramientas no deben venir precedidas por "-". En Linux, la elección de utilizar el guión, o no, se deja al usuario.

En cualquier caso, los archivos y directorios se guardan físicamente, es decir, con sus números de inodo, y su restauración, en la medida de lo posible y con el riesgo que esto comporta en caso de que el sistema de archivos se halle corrupto, se hace con estos mismos números.

1. dump

Antes que nada, es importante verificar la integridad de la partición que queremos guardar o la de aquelle en la que se encuentre el directorio implicado. Resulta muy aconsejable desmontar la partición a guardar, ya que en caso contrario podemos obtener una copia inutilizable.

No es aconsejable hacer copias multivolumen con la versión actual 0.3 de dump.

Opciones de dump

`0-9` Nivel de copia. A nivel 0 se efectúa una copia completa. El nivel 9 es el nivel por omisión.

`u` Actualización del archivo */etc/dumpdates*, que está compuesto por tres campos:
- nombre del archivo especial asociado a la partición,
- nivel de la copia,
- fecha de la copia.

`f` Nombre del archivo, normal o especial, sobre el que se hace la copia. Por omisión, se trata de */dev/rmt8*. El carácter "-" indica la salida estándar, lo que permite efectuar un "pipe" del mandato **dump** con un filtro.

↓notas personales↓

n En caso de que dump requiera ayuda, se avisará a todos los usuarios conectados que pertenezcan al grupo operador de la misma forma que si se utilizase un mandato **wall**.

Procedimiento de copia mediante dump

El mandato **dump** efectúa la copia de forma asíncrona. El proceso original engendra un hijo supervisor que, a su vez, engendra tres hijos más. Son estos procesos finales quienes se encargan de las operaciones de lectura y escritura.

```
merlin]# dump 0f /root/dump.out /dev/sda1 /root/dump.log 2&1 &
[1] 1750
[merlin]# ps aujx|egrep "PID|dump"|grep -v egrep
ps ajx|egrep "PID|dump"|grep -v egrep
 PPID   PID  PGID   SID TTY     TPGID  STAT  UID  TIME COMMAND
 4859  5143  5143  4098 ttyp2    5143 S    0    0:01 dump 0f /root/dump.out
/dev/sda1
 5143  5145  5143  4098 ttyp2    5143 D    0    0:04 dump 0f /root/dump.out
/dev/sda1
 5145  5146  5143  4098 ttyp2    5143 S    0    0:07 dump 0f /root/dump.out
/dev/sda1
 5145  5147  5143  4098 ttyp2    5143 S    0    0:07 dump 0f /root/dump.out
/dev/sda1
 5145  5148  5143  4098 ttyp2    5143 S    0    0:07 dump 0f /root/dump.out
/dev/sda1
[merlin]# dump 0uf - /dev/sda1|dd of=/dev/sdb2
  DUMP: Date of this level 0 dump: Mon May  3 20:56:31 1999
  DUMP: Date of last level 0 dump: the epoch
  DUMP: Dumping /dev/sda1 (/home) to standard output
  DUMP: mapping (Pass I) [regular files]
  DUMP: mapping (Pass II) [directories]
  DUMP: estimated 487138 tape blocks.
  DUMP: dumping (Pass III) [directories]
  DUMP: dumping (Pass IV) [regular files]
  DUMP: DUMP: 487839 tape blocks
  DUMP: level 0 dump on Mon May  3 20:56:31 1999
  DUMP: DUMP IS DONE
975660+0 records in
975660+0 records out
```

Archivo /etc/dumpdates

Este archivo guarda todo el historial de las copias efectuadas en el sistema. Cada copia se inscribe con el nombre del sistema de archivos, el nivel de la copia y la fecha de realización. Recordemos que este archivo sólo se pone al día si así lo pedimos utilizando la opción `u` de **dump**.

```
[merlin]# cat /etc/dumpdates
/dev/hdc2          0 Fri Dec 11 21:03:35 1998
/dev/sda1          0 Mon May  3 20:56:31 1999
```

2. restore

La utilidad **restore** permite mostrar el contenido de un archivo y/o efectuar una restauración total o parcial.

La sintaxis de **restore** es:

```
restore [opciones] [archivo(s)]
```

Las opciones son:

- `b` Permite especificar el tamaño de los bloques. Si no se especifica, restore trata de determinarlo dinámicamente.
- `h` Permite extraer sólo los directorios, sin descender hasta el nivel de los archivos.
- `i` Abre una sesión interactiva. Este modo dispone de un cierto número de mandatos:
  - **add** Añade los argumentos a la lista de extracción.
  - **cd** Cambia de directorio actual.
  - **delete** Borra los archivos y directorios de la lista de archivos a extraer.
  - **extract** Extrae los archivos y directorios mencionados en la lista de extracción.

↓notas personales↓

help Muestra todos los mandatos disponibles para este modo.

ls Muestra el contenido del directorio actual o del directorio especificado.

pwd Muestra el directorio actual.

quit Termina **restore**.

setmodes Permite especificar si el propietario y los derechos de acceso deben restaurarse con su valor original.

verbose Es una opción "basculante". La primera llamada la activa, y la siguiente la desactiva. Cuando se halla activa, requiere a `ls` que muestre los números de inodos y a **restore** que muestre el nombre de los archivos extraídos.

`r` Permite una restauración completa.

`R` Restauración de una determinada cinta, que puede no ser la primera cinta de una copia. Esto permite continuar una restauración inacabada.

`s n` Permite restaurar el archivo n en una cinta multiarchivo.

`t` Permite mostrar el contenido de un archivo o verificar la presencia de los archivos y directorias que recibe como argumento.

`x` Procede a la extracción del archivo o de los archivos cuyos nombres recibe como argumentos.

`f` Indica el nombre del archivo o del periférico que contiene al archivo; en caso contrario, **restore** utiliza par omissión */dev.rmt8*.

- `v` Por omisión **restore** no muestra nada por pantalla. Con esta opción, el tipo precede al nombre de cada elemento.
- `y` Por omisión, en caso de error, **restore** requiere al usuario para que indique si hay que continar, o no, la restauración. Con esta opción, la restauración prosigue omitiendo los bloques defectuosos.

C. Mandato tar

El mandato **tar**, que significa *tape archive*, es un mandato de Unix muy antiguo. Su papel principal es guardar un árbol en una cinta. Sin embargo, debido a que los mecanismos de entrada/salida son siempre iguales, se puede enviar la salida a un archivo normal.

Al contrario que dump y restore, el mandato **tar** sirve a la vez para la creación, la visualización y la restauración. Además, **tar** dispone de funciones suplementarias.

La sintaxis general de **tar** es la siguiente:

```
tar [modo][opciones] archivo(s) y/o directo-
rio(s)
```

Los modos de operación de tar son:

- `A` Añade el contenido de una copia o otra copia.
- `c` Crea una copia nueva.
- `d` Busca posibles diferencias entre uno o varios archivos/directorios y su versión en la copia.
- `r` Añade uno o varios archivos/directorios al final de una copia.
- `t` Lista el contenido de una copia.

- `u` Añade a una copia de archivo especificados tan sólo si son más recientes que la versión guardada en la copia.
- `x` Extrae todo o parte del contenido de copia.

Opciones generales de tar

- `b n` Establece el tamaño de los bloques a n veces 512 bytes. Por omisión `n` vale 20.
- `f` Permite especificar un archivo o un periférico. El archivo por omisión es */dev/rmt0*. Es posible definir otro archivo por omisión evitando así la utilización de la variable TAPE. El archivo puede tener la forma *host:archivo* para indicar un archivo remoto.
- `v` Indica el nombre de los archivos tratados. A diferencia de ciertas versiones de **tar**, la opción `v` utiliza el canal de error y no el canal de salida estándar. Esto permite evitar problemas importantes en caso de mandatos de este tipo:

```
tar cvf archivo(s) | gzip >arc.z
```

- `w` Pide confirmación antes de realizar cada acción.
- `z` Crea, lista o trata una copia con gzip.
- `Z` Crea, lista o trata una copia comprimida con la utilidad compress.
- `c` Creación de una copia.
- `x` Extracción de una copia.
- `t` Visualización de una copia.

D. Mandato cpio

El mandato **cpio** ha sido introducido por System V como sustitución de **tar**, muy utilizado todavía en la actualidad.

Al igual que **tar**, permite realizar copias de seguridad completamente al margen de los sistemas de archivos, lo que permite efectuar restauraciones sobre otro sistema.

cpio puede funcionar de tres modos distintos, habilitado cada uno de ellos por una opción, que es lo mínimo a especificar:

`-o` Este modo sirve para generar una copia. El nombre de los archivos a guardar se da en la entrada estándar y el resultado se reenvía a la salida estándar.

`-i` Esta opción permite no tan sólo extraer los archivos de acuerdo con la entrada estándar sino también listar el contenido de un archivo cuyo nombre se le pasa a través de la entrada estándar.

`-p` En este modo, **cpio** transfiere los archivos que se le indican en su entrada hacia el directorio que indicamos con esta opción.

En cualquier caso, **cpio** funciona gracias a la ayuda de sus entradas y salidas estándares. Esto permite conectar fácilmente este mandato con otros, y especialmente con **find**, con el fin de poder seleccionar los archivos a guardar. En otros casos, puede ser necesario tener que utilizar redirecciones. Dado que se utilizan la entrada y la salida estándares, los mensajes se transmiten a través del canal de error, cosa a tener en cuenta si se les quiere redireccionar hacia un archivo.

1. Creación de una copia **cpio**

La creación de una copia con la ayuda de **cpio** se hace utilizando el modo `cpio -o`. A través de su entrada estándar, debemos proporcionarle a cpio el nombre de los archivos a guardar, a razón de un nombre por línea.

Por ejemplo, la copia de los archivos del directorio *rep* se hace así:

```
$ ls dir | cpio -o  archivo
```

Dado que `ls rep` proporciona el nombre de los archivos contenidos dentro de *rep* en relación a este directorio, este mandato no funciona a menos que se cumplan esta dos condiciones:

- que *dir* sea el directorio actual del mandato,
- que *dir* venga dado de forma absoluta o que utilicemos **ls** sin argumentos.

Así pues, modificaremos el mandato precedente:

```
$ ls dir | (cd dir ; cpio -o  archivo)
o
$ cd dir ; ls |cpio -o > archivo
```

Sin embargo, hay que tener cuidado de no crear el archivo de copia en el directorio actual, *rep*, porque sino también se copiaría.

Todas estas limitaciones pueden sortearse de dos formas:

- en lugar de conectar **cpio** a **ls**, utilizaremos el mandato **find** que tiene la ventaja de poder generar los nombres de los archivos que contengan el nombre del directorio a partir del que se hace la búsqueda.

```
$ find dir -type f -print | cpio -o > archivo
```

– utilización de un archivo ya creado que contenga el nombre de los archivos a guardar, a razón de un nombre de archivo por línea:

```
$ cat lista | cpio -o > archivo
```

Estos dos métodos se pueden combinar. Suponiendo que disponemos de un archivo listado ya constituido, podemos utilizar **find** para añadirle más nombres de archivos, por ejemplo, los que se hayan modificado en las últimas 24 horas:

```
$ find dir -type f -mtime -1 -print > lista; cat
lista | cpio -o > archivo
```

La figura siguiente muestra un ejemplo sencillo de un script que permite guardar los archivos cuyos nombres se indican en el archivo *archivo.list*, a razón de un nombre por línea.

```
#!/bin/sh
if [ ! -r archivo.list ];then
echo "¡`basename $0`: problema en archivo.list !"
exit 1
fi
if [ $# -ne 1 ];then
echo "`basename $0` archivo por omisión: /dev/fd0"
set /dev/fd0
fi
if [ ! -w "$1" ];then
echo "`basename $0`: imposible escribir en el
archivo $1"
exit 1
fi
cat archivo.list|cpio -ov $1
```

Este modo de funcionamiento posee unas cuantas opciones:

`-a` La fecha de la última modificación del inodo no se modifica. Por tanto, los archivos guardados no aparecerán como leídos. Esta opción sólo tendrá efecto a condición de que el usuario sea "root" o bien el propietario de los archivos guardados.

`-B` La utilización de un tamaño de bloque de 5120 bytes en lugar de 512 que es el valor por omisión.

`-c` Creación de un archivo de copia en formato ascii. Esto aumenta la portabilidad del archivo. Sin embargo, hay que tener en cuenta que este formato no debe utilizarse en los sistemas de archivo que tengan un número de inodo superior a 65536.

`-L` En el caso de enlaces simbólicos, lo que se copia es el archivo al que se apunta y no el propio enlace. Por omisión, se guardan los enlaces simbólicos y no los archivos a los que se apunta.

`-v` Muestra el nombre de los archivos tratados.

Además de estas opciones, que son relativamente estándares, la versión GNU propone alguna adicional. De entre estas opciones adicionales podemos destacar las dos siguientes:

`-O` Especifica un nombre de copia a utilizar en lugar de la salida estándar. El interés de esta opción es muy limitado por el hecho de que el resultado normalmente se envía a la salida estándar, que no tenemos más que redirigir para obtener el mismo resultado.

`-A` Permite añadir archivos a una copia existente. Al revés de la anterior, esta opción presenta un cierto interés.

Por el hecho de respetar las especificaciones XPG4 o Posix.2, determinadas versiones de cpio no permiten efectuar copias de seguridad cuyo tamaño rebase 2GB. En caso de que queramos conservar la compatibilidad con dichas versiones, se aconseja no efectuar la copia de los archivos más grandes sin haberlos comprimido previamente.

2. Contenido de una copia cpio

El contenido de una copia generada con la ayuda de cpio puede visualizarse de los maneras distintas:

```
$ cpio -it archivo
```

Esta dará un resultado parecido al del mandato **ls** :

```
[70]-system(merlin)~:cpio -it arc
nmap
nmap-1
nmap-2
plan_util
procinfo
rpc
sher.html
tests/
34 blocks
```

```
$ cpio -itv archivo
```

Esta última generará una salida parecida a la del mandato **ls -l**:

```
[71]-system(merlin)~:cpio -itv arc
-rw-------   1 system  users      0 Mar 19 13:15 nmap
-rw-------   1 system  users   2834 Mar 19 13:16 nmap-1
-rw-------   1 system  users   5647 Mar 19 13:19 nmap-2
-rw-------   1 system  users    856 Apr 19 16:25 plan_util
-rw-------   1 system  users   1213 Feb 15 09:33 procinfo
-rw-------   1 system  users    819 Apr  2 17:16 rpc
-rw-------   1 system  users   5691 Nov 19 20:37 sher.html
drwx------   2 system  users      0 Apr 15 13:17 tests/
34 blocks
```

3. Extracción de los ficheros de una copia cpio

La extracción de ficheros se hace ejecutando cpio -i. Este modo de trabajo explota el contenido de un archivo que se le pasa a través de su entrada estándar, mediante un redireccionamiento o una "cañería".

Por omisión, se restaura todo el contenido de la copia. Pero veremos que **cpio** dispone de posibilidades más potentes que **tar** en caso de que queramos extraer tan sólo algunos archivos de la copia.

Este modo admite más de una veintena de opciones. Entre las más utilizadas encontramos:

- `-b` Invierte el orden de los bytes en cada par leído.
- `-s` Invierte el orden de los bytes en cada semipalabra leída.
- `-S` Invierte el orden de las semipalabras.
- `-B` Indica un tamaño de bloques de 5120 bytes en lugar de los 512 bytes que hay por omisión.
- `-c` Indica que el formato del archivo es ascii, formato antiguo pero portable.
- `-d` Solicita la creación de directorios cuando no existen.

`-H` Permite indicar uno de los formatos siguientes:

- **bin** Formato binario, ahora obsoleto. Esta opción es útil para restaurar viejos archivos que puedieran haberse creado con este formato.
- **odc** Formato portable, anticuado, normalizado POSIX.1.
- **newc** Nuevo formato portable, conforme con el estándar System V R4. Formato interesante ya que admite sistemas de archivos con más de 65536 inodos, lo que permite conservar el número de inodo en lugar de truncarlo.
- **crc** Mismo formato que **newc** pero con un cálculo de error integrado.
- **tar** Viejo formato tar.
- **ustar** Formato tar según norma POSIX.1.
- **hpbin** Viejo formato binario utilizado en los sistemas HPUX.
- **hpodc** Formato portable de los sistemas HPUX.

`-L` En el caso de un enlace simbólico, se tratará el archivo al que se apunta y no el enlace.

`-m` Conservación de la fecha de la última modificación almacenada en la copia en lugar de utilizar la fecha de la extracción.

`-r` Permite modificar el nombre de cada uno de los archivos a extraer, de forma interactiva.

↓notas personales↓

`-R[usuario][.][grupo]`	Modifica el propietario y/o el grupo de los archivos a extraer. En caso de no especificarse el grupo, si el punto está presente los archivos quedan afectados al grupo de conexión del usuario.
`-u`	Sustitución de todos los archivos sin pedir confirmación a pesar de que los archivos presentes sean más recientes.
`-v`	Proporciona el nombre de los archivos tratados.

E. tar vs. cpio

El mandato **cpio** posee varias ventajas en relación al mandato **tar**:

- permite hacer una grabación multivolumen. Sin embargo hay que recordar que la versión GNU de **tar** también permite hacer grabaciones multivolumen, aunque no es aconsejable utilizar esta opción por razones de portabilidad de las grabaciones.
- los datos se escriben de manera más eficaz sobre el soporte de grabación. Se aprovecha mejor el espacio disponible.
- **cpio** ignora los bloques defectuosos, lo que permite continuar una operación hasta el final, cosa que no ocurre con **tar**, que se para irremediablemente.
- es posible guardar cualquier archivo, mientras tan sólo **tar** está destinado a los árboles de archivos.
- en el momento de la extracción mediante **tar** tan sólo un archivo, se produce la recreación de todo el árbol jerárquico de directorios asignado al nombre del archivo, lo que a menudo resulta inútil por tratarse de un único archivo. En estos casos, es preferible utilizar **cpio**, que reconoce el formato tar, para extraer y renombrar un archivo sin tener que recrear la arborescencia.

Sin embargo, **tar** tiene las siguientes ventajas:

- posibilidad de utilizar diferentes valores de tamaño de bloque, mientras que **cpio** está limitado a los dos valores de 512 y 5120 bytes.
  Es preciso señalar que la versión GNU permite, con la ayuda de la opción `-block-size=valor`, especificar valores diversos para este factor, pero esto reduce fuertemente la portabilidad de la copia, ya que esta posibilidad no la comparten todas las versiones de **cpio**.
- es possible "restablecer" directamente un archivo comprimido, gzip o compress, indicando la opción `-z`, del mismo modo que resulta posible obtener directamente un archivo con formato comprimido.

Para acabar, señalar que, cuando no se conoce la longitud máxima de la vía de acceso de los archivos a guardar, es preferible usar **dump** ya que, a causa del formato de los archivos de salida, **tar** y **cpio** no permiten otras vías de acceso que las que tienen 100 y 128 caracteres, respectivamente.

F. Mandato dd

A decir verdad, este mandato no está destinado a obtener copias de seguridad sino que se trata de una utilidad de conversión. Sin embargo, veremos que en muchos casos resulta muy útil, especialmente cuando se trata de efectuar copias de seguridad y restauraciones remotas.

Aparecido bajo Unix versión 7, hoy en día está presente en todos los sistemas Unix.

Reducido a su más simple expresión, no hace otra cosa que volver a copiar su entrada estándar sobre su salida estándar, pero puede hacer muchas más cosas.

Su sintaxis es la siguiente:

```
dd [opción=valor]...
```

A diferencia de la mayor parte de los mandatos Unix, las opciones de este mandato no vienen precedidas por un guión, sino que todas tienen un valor que se les asigna gracias al signo =. A destacar la ausencia de espacios delante y detrás del signo =.

He aquí la lista de sus opciones:

`if`	Nombre del archivo de entrada. En ausencia de esta opción, se utiliza la entrada estándar.
`of`	Nombre del archivo de salida. Por omisión el resultado se envía a la salida estándar.
`ibs`	Especifica el tamaño de los bloques leídos. Por omisión es 512 bytes.
`obs`	Especifica el tamaño de los bloques escritos. Por omisión es de 512 bytes.
`bs`	Especifica el tamaño de los bloques leídos y escritos. Esta opción evita tener que utilizar `ibs` y `obs`.
`cbs`	Precisa el tamaño de bloque utilizado cuando se realizan conexiones.
`skip`	Indica el número de bloques iniciales que no hay que tener en cuenta. El tamaño de los bloques depende de la opción `ibs`.
`seek`	Indica el número de bloques iniciales leídos que hay que ignorar en el momento de la escritura. El tamaño de los bloques es función de la opción `obs`.

`conv` Indica el tipo de conversión a efectuar. Se pueden indicar varios tipos separados los unos de los otros por una coma. Los tipos posibles son los siguientes:

- **ascii** Convierte los códigos EBCDIC en códigos ASCII.
- **ebcdic** Convierte los códigos ASCII en códigos EBCDIC.
- **ibm** Convierte los códigos ASCII en códigos EBCDIC de IBM.
- **block** Reemplaza el carácter de fin de línea por espacios, hasta llegar al tamaño indicado por la opción `cbs`, o a 512 bytes (valor por omisión).
- **unblock** Reemplaza los espacios finales por un carácter de salto de línea.
- **lcase** Convierte las mayúsculas en minúsculas.
- **ucase** Convierte las minúsculas en mayúsculas.
- **swab** Invierte el orden de los bytes para cada par leído.
- **noerror** El tratamiento prosigue aún en caso de error, cosa que normalmente no uccure.
- **notrunc** No trunca la salida en caso de bloques cuyo tamaño sea superior especificado por la opción `ibs`.

↓notas personales↓

sync Completa los bloques con caracteres (llamados de relleno) hasta alcanzar el tamaño indicado por la opción `ibs`.

Los valores de tamaño de las opciones `ibs`, `obs`, y `bs` pueden indicarse en unidades diversas, colocando el sufijo correspondiente:

- *k unidades en kilobytes,*
- *b unidades en 512 bytes,*
- *c unidades en bytes,*
- *w unidades en palabras de 2 bytes,*
- *xm unidades en m bytes.*

Así pues, un tamaño de 5120 bytes puede indicarse mediante:

bs=5k, bs=10b, bs=5120c, bs=2560w o bs=10x512.

Una vez terminada su tarea, el mandoato **dd** indica el número de bloques leídos (completos y incompletos) así como el número de bloques grabados (completos e incompletos).

G. Gestión de las cintas

1. Nombres de los archivos especiales de los periféricos de cintas

Linux gestiona una gran cantidad de tipos de periféricos de cintas. El nombre del archivo especial es función del tipo de interfaz utilizado: SCSI, IDE, QIC-02, paralelo o disquete.

En el caso de los periféricos SCSI, los ficheros especiales son los siguientes:

Archivo especial	Periférico
/dev/st[0-31]	Periférico SCSI, modo 0, rebobinable
/dev/nst[0-31]	Periférico SCSI,modo 0, no rebobinable
/dev/st[0-31]l	Periférico SCSI, modo 1, rebobinable
/dev/nst[0-31]l	Periférico SCSI,modo 1, no rebobinable
/dev/st[0-31]m	Periférico SCSI, modo 2, rebobinable
/dev/nst[0-31]m	Periférico SCSI,modo 2, no rebobinable
/dev/st[0-31]a	Periférico SCSI, modo 3, rebobinable
/dev/nst[0-31]a	Periférico SCSI,modo 3, no rebobinable

Por lo que respecta al bus IDE, actualmente tan sólo se soporta un lector de cinta:

Archivo especial	Periférico
/dev/ht0	Lector de cintas rebobinable
/dev/nht0	Lector de cintas no rebobinable

En el caso de lectores de cinta con formatos QIC-11, QIC-24, QIC-120 o QIC-150, se usa la interfaz QIC-02. Las diferencias esenciales entre estos formatos se centran en su número de pistas y en su densidad. Los archivos especiales utilizados están relacionados con el formato de la cinta:

Formato	Archivo especial	Periférico	Pistas
QIC-11	/dev/tpqic11	Rebobinable	4
	/dev/ntpqic11	No rebobinable	
QIC-24	/dev/tpqic24	Rebobinable	9
	/dev/ntpqic24	No rebobinable	
QIC-120	/dev/tpqic120	Rebobinable	15
	/dev/ntpqic120	No rebobinable	
QIC-150	/dev/tpqic150	Rebobinable	18
	/dev/ntpqic150	No rebobinable	

También es posible conectar hasta cuatro lectores de cintas en los puertos paralelos. Utilizarán los siguientes archivos especiales:

Archivo especial	Periférico
/dev/pt[0-3]	Lector de cintas rebobinable
/dev/npt[0-3]	Lector de cintas no rebobinable

La última solución, sin duda la más económica, consiste en conectar un lector de cinta a un conector de lector de disquetes. Los formatos de cinta son QIC-40, QIC-80 o QIC-117. Los archivos especiales son los siguientes:

Archivo especial	Periférico
/dev/qt[0-3]	Rebobinable
/dev/nqt[0-3]	No rebobinable
/dev/zqft[0-3]	Rebobinable, compresión
/dev/nzqft[0-3]	No rebobinable, compresión
/dev/rawqft[0-3]	Rebobinable, sin marca de fin de archivo
/dev/nrawqft[0-3]	No rebobinable, sin marca de fin de archivo

Como es muy raro tener más de un lector de cintas conectado a un sistema, puede ser interesante crear el enlace */dev/tape* hacia el archivo especial al que está asociado, ya que es este el nombre que utilizan por omisión algunos mandatos como **mt**. Por otro lado, podemos definir la variable de entorno TAPE con el nombre del archivo especial del lector de cintas, variable que utilizarán las utilidades tar y mt.

2. Manipulación de cintas: mt

La utilidad mt

La utilidad **mt** forma parte del paquete cpio de GNU. Ofrece posibilidades de manipulación de periféricos de cinta. Su utilización está reservada a los periféricos de cinta y no tiene ninguna utilidad en el caso de otros periféricos.

Su sintaxis de utilización es la siguiente:

```
mt [-f periférico] operación
```

↓notas personales↓

El periférico sobre el cual actuará **mt** puede indicarse de tres maneras distintas:

- en caso de que no se diga nada, **mt** utiliza el periférico por omisión, definido en el archivo */usr/include/sys/mtio.h* y que es */dev/tape*. Recordemos que */dev/tape* generalmente es un enlace hacia el archivo especial verdadero.
- con la ayuda de la variable de entorno TAPE, cuyo valor es el nombre del archivo especial del periférico a manipular. Esta variable tiene prioridad respecto al periférico por omisión.
- con la opción `-f` seguida del archivo especial asociado al periférico a manipular. Esta técnica tiene prioridad con respecto a las dos precedentes.

En el caso de una red TCP/IP y de máquinas declaradas equivalentes con la ayuda de un archivo */etc/hosts.equiv* o de un archivo .rhosts, es posible indicar un periférico sobre una máquina remota anteponiéndole al archivo especial el prefijo 'HOST:' donde HOST es el nombre o la dirección IP del sistema remoto.

Las distintas operaciones que podemos hacer con una cinta se indican con la ayuda de una clave, que puede abreviarse si con esto no provocamos ninguna ambigüedad. Determinadas palabras clave pueden ir seguidas por un número que es un factor de repetición de la operación. En ausencia de este número, la operación sólo se realizará una vez. He aquí la lista de las claves y de las operaciones asociadas. La indicación [n] significa que en ausencia de un valor, el valor por omisión es 1:

`eof [n]` Escritura de `n` marcas EOF a partir de la posición actual.

`weof [n]` Ídem.

`fsf [n]` Desplazamiento al principio del n-ésimo archivo siguiente.

`bsf [n]` Desplazamiento al principio del n-ésimo archivo precedente.

`fsr [n]` Desplazamiento de `n` bloques hacia adelante.

`bsr [n]`	Desplazamiento de `n` bloques hacia atrás.
`asf [n]`	Posicionamiento al principio del n-ésimo archivo de la cinta. Equivalente a rewind seguido por fsf n.
`seek [n]`	Posicionamiento sobre el n-ésimo bloque a partir del principio de la cinta.
`eom`	Posicionamiento al final de la última grabación dentro de la cinta actual, para añadir grabaciones a la cinta.
`rewind`	Rebobinado de la cinta.
`offline`	Rebobinado y, si es posible, expulsión de la cinta o desconexión del periférico.
`rewoffl`	Ídem.
`status`	Muestra información a propósito del estado del periférico.
`retension`	Retensión de la cinta, es decir rebobinar, desbobinar y volver a rebobinar. Esto es aconsejable en el caso de una cinta nueva o no utilizada durante mucho tiempo.
`erase`	Borrado de la cinta.

↓notas personales↓

H. Grabaciones y restauraciones a distancia

Sin entrar en los detalles de la instalación y configuración de una red TCP/IP, vamos a mostrar como puede utilizarse para efectuar grabaciones y restauraciones de forma centralizada, es decir utilizando un solo lector de cintas para varias estaciones, estando éstas conectadas a una máquina dedicada a esta tarea.

Tanto con **tar** como con **cpio**, tenemos varias posibilidades:

- grabación de archivos locales hacia un lector de cinta remoto.
- grabación de archivos remotos hacia el lector de cinta local.
- restauración de un archivo remoto en la estación local.
- restauración de un archivo local en una estación remota.

Estas operaciones son posibles gracias al r-mandato de Berkeley **rsh** que permite efectuar acciones sobre estaciones remotas (a condición de que los archivos */etc/hosts.equiv* o *~/.rhosts sean correctos*).

1. Grabación de archivos locales en una cinta remota

Con tar

```
tar cvf - archivos | rsh hostal "dd of=archivo"
```

Con cpio

```
ls fichiers | cpio -o | rsh hostal "dd of=archivo"
```

2. Grabación de archivos remotos en el lector de cintas local

Con tar

```
rsh hostal tar cf - archivos | dd of=archivo
```

Con cpio

```
rsh hostal "ls archivos | cpio -o" | dd of=archivo
```

3. Restauración de un archivo remoto en la estación local

Con tar

```
rsh hostal dd if=archivo | tar xf -
```

Con cpio

```
rsh hostal dd if=archivo | cpio -i
```

4. Restauración de un archivo local en una estación remota

Con tar

```
dd if=archivo | rsh hostal tar xf -
```

Con cpio

```
dd if=archivo | rsh hostal cpio -i
```

↓notas personales↓

Gestión de los recursos

↓notas personales↓

Una vez tenemos el sistema en funcionamiento, resulta conveniente comprobar que cada usuario puede acceder a los recursos para los que dispone de permiso. Es una tarea continua. Una de las bases de un sistema de tiempo y recursos compartidos es la de permitir un acceso no exclusivo (teniendo en cuenta los derechos de acceso) al conjunto de los recursos y evitar que un usuario, o proceso, impida la utilización de un recurso.

También hay que buscar las causas de cualquier ralentización eventual del sistema, siendo especialmente importante detectar los llamados cuellos de botella, es decir, un recurso al que intentan acceder demasiados procesos o un recurso con unas capacidades insuficientes, como por ejemplo un disco demasiado lento.

Esta tarea comprende esencialmente la vigilancia de los siguientes elementos:

- el procesador,
- la memoria,
- las distintas particiones,
- las impresoras.

La mayor parte de los mandatos presentados en este capítulo forman parte del paquete de programas procps-1.01. Al contrario que el resto de los mandatos, los integrantes en este paquete son propios de Linux, ya que deben acceder a las tablas del sistema contenidas en el sistema de archivos *virtual/proc*.

A. Vigilancia de la actividad del sistema: **uptime**, **w**

1. Mandato **uptime**

De origen BSD, este mandato permite hacerse una idea de la carga actual del sistema:

```
# uptime
10:04 am up 21 min, 3 users, load average: 0.11,
0.05, 0.08
```

Las indicaciones que proporciona este programa son:

- la hora actual
- el tiempo transcurrido desde el último arranque del sistema
- el número de usuarios conectados
- la carga del sistema. Se dan tres valores, que corresponden a la carga media en el último minuto, en los últimos 5 minutos y en los últimos 15 minutos.

Hay que poner de relieve que estas informaciones no tienen otro valor que el de permitir comprobar sus oscilaciones a lo largo del tiempo y como referencia del tiempo de respuesta del sistema, y esto para un sistema determinado. Puede darse el caso de que un sistema en apariencia muy cargado conserve un tiempo de respuesta corto, mientras que el mismo sistema poco cargado puede tener tiempos de respuesta muy grandes. Un gran número de pequeños procesos podría producir una carga elevada sin perturbar demasiado el sistema, mientras que un solo proceso muy grande podría ser perjudicial para la respuesta general del sistema.

↓notas personales↓

2. Mandato w

Este mandato vuelve a examinar los resultados del mandato **uptime**, a los que le añade un informe resumido de las actividades de los usuarios del sistema:

```
[72]-system(merlin)~:w
1:04pm  up 3 days, 14:29,  4 users,  load average: 0.00, 0.00, 0.00
USER   TTY   FROM               LOGIN@   IDLE  JCPU  PCPU  WHAT
system ttyp0 :0.0               Fri10pm  1:53m 6.70s ?     -
system ttyp1 :0.0               Fri10pm  1:56m 1.01s 0.36s -su
system ttyp2 arthur.bretagne.   10:12am  0.00s 0.58s 0.09s w
system ttyp3 :0.0               10:45am  1:55m 0.31s 0.03s vi
```

Por omisión, para cada usuario muestra:

- su nombre de login.
- el nombre de la tty.
- el nombre del host desde el que se conecta el usuario. Esta línea está vacía en el caso de una conexión local. También se puede indicar el dispositivo de visualización utilizado.
- la hora o el día de conexión. El día se indica cuando hace más de 24 horas que el usuario se ha conectado. En este caso, ya no se indican los minutos.
- el tiempo de actividad.
- el tiempo acumulado de todos los procesos ligados al terminal, excepto los procesos que se ejecuten en segundo plano y que ya hayan terminado.
- el tiempo del proceso indicado en la columna WHAT.
- el proceso actual.

Este mandato es más interesante, ya que permite hacerse una idea de la repartición de la carga entre los usuarios.

B. Gestión de los procesos

1. Noción de proceso

Un proceso es una entidad activa, en contraposición con un programa que es una entidad pasiva, ya que no es otra cosa que un archivo ejecutable almacenado en un disco.

Linux distingue dos tipos de procesos:

- los procesos "en tiempo real", de entre los que se distinguen los procesos con derecho de prioridad y los sin derecho de prioridad.
- los procesos clásicos.

Veremos la importancia de esta distinción cuando veamos la elección de la política de ordenamiento de los procesos.

2. Filiación de los procesos

Sin entrar en detalles, todo proceso es hijo de otro proceso debido a un mecanismo llamado de duplicación-recubrimiento. En el arranque del sistema se lanza un proceso y éste será el ancestro común de todos los procesos que serán ejecutados por el sistema. Este proceso se llama **init** y tiene un pid de 1. El pid del proceso padre de un proceso dado se almacena en el atributo ppid.

↓notas personales↓

El mandato **pstree** permite trazar el árbol genealógico de los procesos a los que hace referencia el sistema:

```
[73]-system(merlin)~:pstree
init-+-crond
     |-6*[getty]
     |-2*[gv---gs]
     |-httpd---6*[httpd]
     |-inetd---in.telnetd---bash---pstree
     |-kflushd
     |-klogd
     |-kpiod
     |-kswapd
     |-lpd
     |-md_thread
     |-named
     |-nfsd---lockd---rpciod
     |-postmaster
     |-powerd
     |-rpc.mountd
     |-rpc.portmap
     |-sendmail
     |-syslogd
     |-update
     |-xdm-+-X
     |      `-xdm--.xsession-+-fvwm-+-FvwmPager
     |                       |       |-GoodStuff
     |                       |       |-lyx
     |                       |       |-netscape---netscape
     |                       |       |-xclock
     |                       |       |-xload
     |                       |       |-xterm---bash---bash
     |                       `-xterm---bash-+-more
     |                                      `-xisp
     `-xlock
```

3. Grupo de proceso

Esta noción se ha introducido con el fin de poder manipular fácilmente varios procesos. Un grupo se crea a partir de la iniciativa de un proceso, proceso que se convierte en líder del grupo y cuyo pid servirá como identificador del grupo creado. Todos los procesos derivados de un proceso pertenecerán de forma predeterminada al mismo grupo que su ancestro común, excepto los que crean su propio grupo. Esta noción de grupo ha permitido dar vida el control de tareas (o procesos de tarea de fondo) que utilizan la mayor parte de los shells modernos a través del mandato interno **kill**.

4. Estados de un proceso

Linux, al igual que otros sistemas de tiempo compartido, es capaz de gestionar la ejecución de varios procesos. De entre estos, distinguimos los que están en ejecución de los que no lo están por varios motivos. Así pues, en el curso de su existencia, un proceso pasa por varios estados, por algunos de ellos de forma obligatoria y por otros de forma eventual. Así distinguimos los siguientes estados:

en curso de ejecución o **listo para ejecutarse**: El proceso forma parte de la lista de los procesos activos, es decir, que pueden utilizar el procesador.

dormido: El proceso no tiene otra cosa que hacer que esperar un evento. Así pues, ya no forma parte de la lista de procesos activos.

↓notas personales↓

suspendido El proceso espera que un recurso que necesita esté disponible. Este proceso tampoco forma parte de los procesos activos. Sin embargo, al contrario que los procesos dormidos, que pueden reaccionar ante ciertas señales, un proceso suspendido es ininterrumpible. Esto quiere decir que es incapaz de reaccionar ante ninguna señal, incluyendo la señal SIGKILL.

parado Se trata de un estado de somnolencia provocado por una intervención exterior, como por ejemplo el envío de una señal.

zombie El proceso ha terminado su ejecución, pero queda en la tabla del sistema hasta que su padre no conozca su código de regreso. Hay veces que un proceso se queda siempre en este estado si la ejecución de su proceso padre finaliza antes que la suya. Un zombie es también un estado en el que el proceso no puede reaccionar ante las señales, pero al contrario que los procesos suspendidos, un zombie no consume ningún recurso (su ejecución ha finalizado), pero como todavía está referenciado por el sistema, ocupa una entrada en la lista de los procesos. Si esta lista se saturase de zombies, el único medio de desembarazarse de ellos sería reinicializando el sistema.

5. Ordenamiento

El ordenamiento es el mecanismo que determina que proceso va a ejecutar el procesador. La entidad que implementa este mecanismo se llama ordenador de tareas. La elección del proceso a ejecutar depende de tres factores:

- el tipo de proceso,
- prioridad,
- índice nice.

Cuando un proceso de "tiempo real" se encuentra preparado, el procesador lo ejecuta inmediatamente mientras no haya ningún otro proceso "tiempo real" con una prioridad más alta. Se pueden presentar dos casos:

- el proceso es un proceso "tiempo real" sin derecho de prioridad, en cuyo caso, continuará su ejecución hasta que se alcance alguna de las siguientes situaciones:
  - otro proceso del mismo tipo y de prioridad más elevada se encuentra listo. Este último se ejecuta y el proceso que estaba en curso de ejecución se suspende.
  - el proceso tiene necesidad de un recurso que no está disponible actualmente y, por tanto, se suspende.
  - el proceso suspende voluntariamente su ejecución. Se queda en el estado de listo pero se pone al final de la lista de los procesos listos para ejecutar.
- en el caso de un proceso "tiempo real" con derecho de prioridad, éste sólo se podrá ejecutar durante un intervalo de tiempo predefinido llamado quantum de tiempo. Si cuando finalice este quantum hay algún proceso de tiempo real con una prioridad superior o igual, substituirá al proceso actual que se pondrá en la lista de procesos listos.

Un proceso clásico sólo puede ejecutarse si no hay ningún proceso de "tiempo real" listo. En cualquier otro caso, este proceso dispondrá del procesador mientras no haya otros procesos listos con una prioridad superior.

Es posible modificar indirectamente la prioridad modificando el índice nice. Esto se hace ejecutando el mandato nice, o bien (si el programa ya ha comenzado su ejecución) con el mandato **renice**.

Mandato nice

Por omisión, el índice nice tiene para cada usuario un valor de 0. Este valor lo puede modificar el administrador poniendo prix = valor de nice en el campo GCOS del archivo */etc/passwd.*

Se trata de una características del mandato ***login*** *del paquete shadow.*

En Linux, los valores atribuidos al índice nice pueden variar de -20 a 19. Cuanto más pequeño sea el valor del índice, más rápido evolucionará la prioridad, y a la inversa, cuanto más grande sea el índice nice, más baja será la prioridad de los procesos, lo que tendrá como consecuencia una ralentización de este proceso en relación con los que tengan un índice nice más pequeño.

El mandato **nice** permite lanzar la ejecución de un proceso con un valor de nice diferente del valor por omisión. La sintaxis de este mandato es la siguiente:

```
nice [-n incremento | -incremento] mandato
```

Sin ninguna opción, el valor del índice nice se aumenta en 10. Se puede especificar otro valor para el incremento de las dos formas que se indican en la sintaxis. La primera tiene la ventaja de una mayor claridad, mientras la segunda puede conducir a una interpretación errónea. En efecto, podríamos creer fácilmente que nice -5 es un incremento negativo, cuando de lo que se trata es un incremento de 5 indicado por el guión. Los incrementos negativos se señalan con un doble guión (--5) y en el primer caso con la notación -n -5 y utilizando la primera manera, se indicaría por -n -5.

Observemos que sólo el administrador puede decrementar el índice nice.

Mandato renice

Gracias a este mandato, es posible asignar un nuevo índice nice a uno o varios procesos en curso de ejecución.

A parte del administrador, los usuarios sólo podrán efectuar esta operación sobre los procesos de los que sean propietarios. Además, un usuario sólo puede aumentar el valor del índice, siendo imposible volver al valor precedente. Sólo el administrador puede disminuir el valor de nice.

La sintaxis de este mandato es la siguiente:

```
renice <nuevo índice>[[-p] pid ...]
[[-g] pgrp ...] [[-u] usuario...]
```

Es posible volver a aplicar nice sobre:

- uno o varios procesos independientes los unos de los otros, utilizando su pid para identificarlos.
- todos los procesos de uno o de varios grupos de proceso.
- todos los procesos de uno o varios usuarios.

En ausencia de opciones, las indicaciones que se le den se considerarán como los pid de los procesos. Las indicaciones de grupos se especifican con la opción `-g`, mientras que los nombres de los usuarios se indican con la opción `-u`. La opción `-p` permite indicar explícitamente los pid de los procesos.

Observemos que es posible combinar todas estas opciones en una misma invocación de este mandato, y en cualquier orden. Aquí tenemos un ejemplo:

```
renice +10 11204 -u util01 util02 -p 5478
```

Este mandato otorga un valor 10 al índice nice de los procesos 5478 y 11204 así como a todos los procesos de los usuarios usua01 y usua02:

```
system(merlin)~:renice 10 21244
21244: old priority 0, new priority 10
```

Mandato ps

Este mandato se apoya en la tabla de los procesos activos para dar una instantánea de su estado. En función de las opciones, los resultados son más o menos abundantes.

Entre las opciones, encontramos:

USER Identidad utilizada por el proceso. En el caso de un proceso SUID, puede ser diferente de la del usuario.

PID Identificador del proceso.

PPID PID del proceso padre.

%CPU Relación entre el tiempo de procesador y el tiempo transcurrido.

%MEM Relación entre la memoria utilizada y la memoria disponible.

PRI Se trata del índice de prioridad.

NI Valor del índice nice cuyo valor varía desde -20, la prioridad más alta, hasta +19, la prioridad más baja.

SIZE Tamaño de la imagen en memoria virtual del proceso: texto + datos + pila.

RSS Ocupación de la memoria física. Parte residente del proceso, en Kb.

WCHAN Nombre de la función del núcleo cuya finalización espera el proceso. Normalmente el campo contiene la dirección de la función, pero si existe, el archivo */etc/psdatabase* establece la correspondencia entre la dirección y el nombre de la función, que es lo que luego se indicará en el campo WCHAN.

STAT Estado en que se encuentra el proceso. Este campo puede contener tres caracteres. La primera posición indica el estado del proceso.

Los estados posibles son:

R En curso de ejecución,

S Dormido,

D Dormido y no interrumpible (proceso en espera de un dispositivo),

T Parado,

Z Zombie.

Una **W** en la segunda posición indica que la imagen del proceso está completamente en disco (haciendo uso de la memoria swap).

En tercera posición, una **N** indica que el proceso se ejecuta con un índice nice positivo (campo NI) y un carácter ">" indica un valor de nice negativo (proceso kswapd por ejemplo).

TTY Terminal tty controlando el proceso. Si el proceso no está enlazado a ningún terminal, este campo contendrá un "?".

PAGEIN Número de errores de páginas, es decir las páginas que es necesario cargar desde el disco o desde el búfer de la memoria caché.

↓notas personales↓

DRS Tamaño del segmento de datos residente en memoria.

TRS Tamaño del segmento de texto residente en memoria.

SWAP Tamaño en Kb (o en páginas, si se utiliza la opción `-p`) del archivo de intercambio utilizado.

SHRD Memoria compartida.

START Hora a la que ha sido creado el proceso.

TIME Tiempo acumulado de ejecución. Se trata del tiempo de presencia del proceso en el procesador.

COMMAND Nombre del proceso o línea de mandato que ha dado origen al proceso. Esta última se trunca dependiendo del tamaño de la pantalla. La opción `-w` evita que se trunque.

6. Mandato top

Al contrario que el mandato **ps** que sólo presenta un cliché de la tabla de procesos, el mandato **top** muestra de forma continua el contenido de esta tabla, dando generalmente las mismas informaciones que el mandato **ps**. La ventaja evidente es que se puede efectuar una vigilancia en tiempo real y de forma continua de los procesos que tienen lugar en el sistema.

7. Envío de señales a los procesos: **kill**, **killall**, **killall5**

Hoy en día, el mandato **kill** es un mandato interno de la mayor parte de shells, especialmente de aquellos que poseen un mecanismo de control de tareas, como el bash. Otra razón, y no menos importante, es la de poder suprimir uno o varios procesos cuando la tabla de los procesos está saturada. En este caso, si **kill** fuera un mandato externo no se podría ejecutar, cosa que no ocurre al ser interno. No genera ningún proceso y, por tanto, puede utilizarse.

Su sintaxis es relativamente simple:

```
kill [-señal] pid ...
```

o

```
kill -l
```

El mandato **kill** envía por omisión a todos los procesos cuyo PID reciba como argumento la señal SIGTERM, o la señal cuyo nombre se le pasa también como argumento.

La lista de las señales disponibles viene dada por el mandato **kill -l**:

```
[29]-system(merlin)~:kill -l
 1) SIGHUP      2) SIGINT      3) SIGQUIT      4) SIGILL
 5) SIGTRAP     6) SIGIOT      7) SIGBUS       8) SIGFPE
 9) SIGKILL    10) SIGUSR1    11) SIGSEGV     12) SIGUSR2
13) SIGPIPE     4) SIGALRM    15) SIGTERM     17) SIGCHLD
18) SIGCONT    19) SIGSTOP    20) SIGTSTP     21) SIGTTIN
22) SIGTTOU    23) SIGURG     24) SIGXCPU     25) SIGXFSZ
26) SIGVTALRM  27) SIGPROF    28) SIGWINCH    29) SIGIO
30) SIGPWR
```

El mandato **killall** permite enviar una señal a un proceso que identificaremos por su nombre.

El mandato **killall5** corresponde al mandato **killall** de System V, que permite enviar una señal a todos los procesos del mismo grupo que el proceso padre indicado.

C. Vigilancia de la memoria y de la CPU: **vmstat**

A pesar de su nombre, este mandato no proporciona únicamente un informe acerca de la actividad de la memoria virtual. Ofrece estadísticas generales acerca de los procesos y de la utilización del procesador.

Hay que señalar que la versión disponible en Linux no es tan rica como la de los otros Unix.

La sintaxis de su utilización es la siguiente:

```
vmstat [espera] [cuenta]
```

Por omisión, **vmstat** sólo produce un resultado y termina su ejecución. Con la ayuda de los argumentos numéricos `espera` y `cuenta`, puede producir "`cuenta`" informes cada "`espera`" segundos. Si solo está presente el argumento `espera`, **vmstat** se ejecutará indefinidamente.

La imagen siguiente da un ejemplo del resultado del mandato **vmstat**:

```
[75]-system(merlin)~:vmstat 5 5
 procs            memory    swap       io   system     cpu
 rbw swpd free buff cache si  so bi  bo  in  cs us  sy id
 000 9220 1208 2052 14080 0   0  3   1 108 113 2  0   98
 000 9220 1208 2052 14080 0   0  0   0 101 230 1  0   99
 000 9220 1208 2052 14080 0   0  0   0 101 227 0  1   99
 000 9220 1208 2052 14080 0   0  0   0 101 230 1  0   99
 000 9220 1208 2052 14080 0   0  0   0 101 228 1  0   99
```

En todos los casos, la primera línea constituye una media desde el arranque del sistema. Por tanto estas estadísticas no pueden constituir una indicación de la utilización actual del sistema. Es aconsejable utilizar el mandato especificando un intervalo y un número de ejecuciones. También es posible crear una función con el fin de no mostrar esa primera línea, tal y como muestra la imagen siguiente:

```
[32]-system(merlin)~:vm(){
>vmstat $* | awk 'NR!=3'
>}
[33]-system(merlin)~:vm 5 5
 procs          memory    swap        io   system     cpu
 rbw swpd free buff cache si  so bi bo  in  cs us  sy id
 000 9220 1232 1912 14104 0   0  24 0 103 229 0   1 99
 000 9220 1232 1912 14104 0   0   0 0 101 230 0   1 99
 000 9220 1228 1916 14104 0   0   0 0 102 229 0   1 99
 000 9220 1228 1916 14104 0   0   0 0 101 229 0   1 99
```

Los resultados se agrupan en seis campos:

procs Estadísticas de los procesos activos.

- **r** Número de procesos ejecutables.
- **b** Número de procesos dormidos o no interrumpibles. Se trata generalmente de procesos en espera de entradas/salidas.
- **w** Número de procesos en memoria swap, que a pesar de esto podrían ser ejecutados. Este campo no debe nunca ser distinto de 0.

memory Estadísticas de la utilización de la memoria.

- **swpd** Cantidad de memoria virtual utilizada (en kb).
- **free** Cantidad de memoria disponible (en kb).
- **buff** Cantidad de memoria utilizada por los búferes (en kb).

swap Actividad de la memoria virtual.

- **si** Memoria cargada del swap (en kb/s).
- **so** Memoria del archivo de intercambio (*swap*) en disco (en kb/s).

io Actividad de los procesos de entrada/salida (todos los periféricos juntos).

- **bi** Número de bloques escritos por segundo.
- **bo** Número de bloques leídos por segundo.

system Actividad general del sistema.

- **in** Número de interrupciones por segundo.
- **cs** Número de cambios de contexto por segundo.

cpu Utilización del procesador.

- **us** Porcentaje de utilización en modo usuario.
- **sy** Porcentaje de utilización en modo núcleo.
- **id** Porcentaje de inactividad.

El interés de este mandato en relación a procinfo se centra en que sólo muestra las informaciones relativas a la memoria, a las entradas/salidas y a la CPU, es decir, los puntos cruciales del sistema que pueden ser el origen de cuellos de botella.

Hay que tener en cuenta que unos valores elevados en un corto periodo no pueden ser representativos del funcionamiento general del sistema, a no ser que se contrasten con otros "clichés" tomados en otros momentos. También puede ser interesante tomar y conservar estos clichés de forma periódica, utilizando para ello (por ejemplo) **cron**.

D. Vigilancia del espacio en disco

1. Mandato **df**

Por omisión, este mandato visualiza un resumen de utilización del espacio en disco para el conjunto de sistemas de archivos; en caso de que su nombre se le pase como argumento al mandato, lo muestra para un determinado sistema de archivos:

```
[48]-system(merlin)~:df
Filesystem 1024-blocks Used Available Capacity Mounted on
/dev/hdc2   1387050    1188004  127352    90%      /
/dev/hdc3   87241      14636    68095     18%      /var
/dev/hdc4   28299      2730     24108     10%      /tmp
/dev/sda1   515433     471138   17672     96%      /home
/dev/hdd    260150     260150       0    100%      /cdrom
```

La salida por omisión para cada sistema de archivos es:

- el archivo especial utilizado
- el número de bloques totales
- el número de bloques ocupados
- el número de bloques todavía disponibles
- la tasa de ocupación
- el punto de montaje.

Por lo que respecta al tamaño del bloque, por omisión es de 1024 bytes, que es el tamaño estándar del mandato **df** en los sistemas de tipo BSD. También es posible obtener la información sobre la utilización en bloques de 512 bytes dándole a la variable POSIXLY_CORRECT el valor "y".

```
[49]-system(merlin)~:export POSIXLY_CORRECT=y
[50]-system(merlin)~:df
Filesystem   512-blocks   Used Available  Capacity Mounted on
/dev/hdc2    2774100    2376008  254704    90%      /
/dev/hdc3    174482       29272  136190    18%      /var
/dev/hdc4    56598         5460   48216    10%      /tmp
/dev/sda1    1030866     942276   35344    96%      /home
/dev/hdd     520300      520300       0   100%      /cdrom
```

Entre las opciones más útiles de este mandato se encuentran:

`-a` Tiene en cuenta, en la salida, los sistemas de archivos que no tienen ningún bloque utilizado. Por omisión estos sistemas de archivos no aparecen en el informe que da esta orden. Se trata generalmente de seudo sistemas de archivos como el directorio */proc*.

`-i` Muestra la ocupación de los sistemas de archivos en números de inodo o número de ficheros y no en número de bloques.

`-k` Cuando a la variable POSIXLY_CORRECT se le asigna el valor "y", esta opción permite la visualización en bloques de 1 Kb y no en bloques de 512 bytes.

`-T` Muestra el tipo de cada sistema de archivos.

`-t fstype` La visualización queda limitada a los sistemas de archivos del tipo especificado. Pueden especificarse varias opciones `-t` para tener en cuenta varios tipos de sistemas de archivos.

`-x fstype` Esta opción es la contraria de la precedente. Excluye de la salida los sistemas de archivos especificados.

```
[53]-system(merlin)~:df -i
Filesystem   Inodes  IUsed  IFree  %IUsed  Mounted on
/dev/hdc2    359800  58803  300997   6%     /
/dev/hdc3    22616     998   21618   4%     /var
/dev/hdc4    7328       41    7287   1%     /tmp
/dev/sda1    133120  23419  109701  18%     /home
/dev/hdd          0      0       0   0%     /cdrom
/dev/fd0          0      0       0   0%     /mnt
[54]-system(merlin)~:df -T
Filesystem Type 512-blocks Used Available Capacity Mounted on
/dev/hdc2 ext2  2774100 2376008 254704      90%    /
/dev/hdc3 ext2   174482   29272 136190      18%    /var
/dev/hdc4 ext2    56598    5460  48216      10%    /tmp
/dev/sda1 ext2  1030866  942276  35344      96%    /home
/dev/hdd iso9660 520300  520300      0     100%    /cdrom
/dev/fd0  vfat     2847     117   2730       4%    /mnt
[55]-system(merlin)~:df -xvfat
Filesystem 512-blocks Used Available Capacity Mounted on
/dev/hdc2  2774100  2376008   254704     90%      /
/dev/hdc3   174482    29272   136190     18%      /var
/dev/hdc4    56598     5460    48216     10%      /tmp
/dev/sda1  1030866   942276    35344     96%      /home
/dev/hdd    520300   520300        0    100%      /cdrom
[56]-system(merlin)~:df -xvfat -T
Filesystem Type 512-blocks Used Available Capacity Mounted on
/dev/hdc2 ext2 2774100  2376008  254704     90%    /
/dev/hdc3 ext2  174482    29272  136190     18%    /var
/dev/hdc4 ext2   56598     5460   48216     10%    /tmp
/dev/sda1 ext2 1030866   942276   35344     96%    /home
/dev/hdd iso9660 520300  520300       0    100%    /cdrom
```

↓notas personales↓

2. Mandato du

Mientras el mandato **df** tan sólo genera un informe de la utilización global de los sistemas de archivos que se están utilizando, el mandato **du** permite obtener el detalle de esta ocupación.

Por omisión, **du** detalla la ocupación de disco directorio par directorio, a partir del directorio actual o a partir del directorio cuyo nombre se le pase como argumento. Por omisión, la ocupación viene dada en número de bloques de 1024 bytes. Al igual que con el mandato **df**, es posible utilizar la variable POSIXLY_CORRECT para que la unidad sea un bloque de 512 bytes.

```
[62]-system(merlin)~:du curso/c/exo
1       curso/c/exo/señales
14      curso/c/exo/cadenas
2       curso/c/exo/arg
4       curso/c/exo/bit
18      curso/c/exo/lista
49      curso/c/exo/archivos
13      curso/c/exo/errores
27      curso/c/exo/diversos
339     curso/c/exo/posix
476     curso/c/exo
[63]-system(merlin)~:export POSIXLY_CORRECT=y
[64]-system(merlin)~:du curso/c/exo
2       curso/c/exo/señales
28      curso/c/exo/cadenas
4       curso/c/exo/arg
8       curso/c/exo/bit
36      curso/c/exo/lista
98      curso/c/exo/archivos
26      curso/c/exo/errores
54      curso/c/exo/diversos
678     curso/c/exo/posix
952     curso/c/exo
```

Las siguientes opciones permiten adaptar el comportamiento del mandato **du**:

`-a` Muestra la ocupación por parte de cada archivo y no sólo la de los directorios.

`-b` Expresa la ocupación del disco en bytes.

```
[90]-system(merlin)~:du -b curso/c/exo
1024    curso/c/exo/señales
11042   curso/c/exo/cadenas
1171    curso/c/exo/arg
2638    curso/c/exo/bit
14208   curso/c/exo/lista
41907   curso/c/exo/archivos
10422   curso/c/exo/errores
21053   curso/c/exo/diversos
334280  curso/c/exo/posix
444759  curso/c/exo
```

`-c` Calcula la suma de la ocupación en disco de los argumentos.

```
[91]-system(merlin)~:du /bin /sbin
9420    /bin
5282    /sbin
[92]-system(merlin)~:du -c /bin /sbin
9420    /bin
5282    /sbin
14702   total
```

`-k` Expresa la ocupación en bloques de 1024 bytes, útil cuando está definida la variable POSIXLY_CORRECT.

```
[93]-system(merlin)~:du -k curso/c/exo
1       curso/c/exo/señales
14      curso/c/exo/cadenas
2       curso/c/exo/arg
4       curso/c/exo/bit
18      curso/c/exo/lista
49      curso/c/exo/archivos
13      curso/c/exo/errores
27      curso/c/exo/diversos
339     curso/c/exo/posix
476     curso/c/exo
```

- `-l` Toma en consideración los enlaces físicos con los archivos como si fueran archivos totalmente aparte y, por tanto, tiene en cuenta su tamaño para determinar la ocupación que hace del disco el directorio que los contiene.
- `-s` Sólo muestra la ocupación total de cada argumento.
- `-x` No tiene en cuenta los directorios residentes en un sistema de archivos distinto del directorio que recibe como argumento.
- `-D` Cuando un argumento es un enlace simbólico, esta opción requiere que se tenga en cuenta el tamaño del objetivo del enlace y no el propio enlace.

```
[110]-system(merlin)~:file /usr/tmp
/usr/tmp: symbolic link to /var/tmp
[111]-system(merlin)~:du /usr/tmp
0       /usr/tmp
[112]-system(merlin)~:du -D /usr/tmp
2       /usr/tmp/.pop
32      /usr/tmp
```

- `-L` Cuando el mandato **du** encuentra un enlace simbólico en un directorio, la opción `-L` permite considerar el tamaño del objeto apuntado y no el del enlace.
- `-S` Excluye del tamaño de un directorio el de sus subdirectorios.

```
[113]-system(merlin)~: du /tmp
2       /tmp/.X11-unix
5382    /tmp/lyx_tmp178aaa/lyx_bufrtmp178aaa
5390    /tmp/lyx_tmp178aaa
12      /tmp/wpc-merlin
5456    /tmp
[114]-system(merlin)~:du -s /tmp
5456    /tmp
[115]-system(merlin)~:du -sS /tmp
52      /tmp
```

E. Vigilancia del swap: swapon, free

Con el fin de mantener un nivel de rendimiento óptimo, es importante vigilar la utilización de la zona de swap. Cuando más se la solicita, más numerosos serán los accesos al/a los disco(s), lo que contribuye a degradar el rendimiento global del sistema.

Desde la versión 2.1.20 se halla habilitada la opción `-s` del mandato **swapon** y permite obtener estadísticas referentes a la utilización de las diversas zonas de swap:

```
[116]-system(merlin)~:swapon -s
Filename        Type            Size      Used      Priority
/dev/hdc1       partition       33228     12892     -1
```

Como podemos ver en la imagen que acabamos de mostrar, la zona de swap se utiliza muy poco, lo que indica que el sistema dispone de una cantidad de memoria física suficiente, lo que le evita tener que recurrir a la memoria swap.

↓notas personales↓

Gestión del sistema de impresión

Un sistema de impresión comprende generalmente las siguientes partes:

- mandatos de lanzamiento de impresiones.
- archivos de espera para almacenar y tratar secuencialmente las peticiones de impresión. En su forma más simple, un archivo de espera está constituido por una serie de peticiones en espera de poder utilizar un periférico determinado.
- directorios de archivos de espera que contienen las peticiones en espera. En BSD, el archivo a imprimir se copia en estos directorios, mientras que en AIX y System V, se genera un pequeño archivo correspondiente a la petición y el sistema va a buscar el archivo en su directorio de origen en el momento adecuado.
- los procesos servidores que se encargan de transferir las peticiones del directorio de archivos de espera al periférico adecuado.
- los mandatos de administración del subsistema de impresión.

En el mundo Unix existen dos tipos de subsistemas de impresión, uno tipo BSD y otro tipo System V. La configuración de un sistema de impresión depende muchísimo del tipo de sistema, ya que los mandatos y los archivos no son idénticos.

Desde el principio, el subsistema de impresión de Linux se basó en el modelo BSD, que se apoya en la noción de socket.

A. Demonio de impresión: **lpd**

Todo el servicio de impresión de Linux depende en este demonio y, por tanto, se le debe de inicializar al arrancar el sistema. Esto se hace automáticamente gracias a un script de inicialización, una vez que el sistema está en modo multi usuario. En el caso de una distribución Slackware, se trata del script */etc/rc.d/rc.M.* Para una distribución RedHat, esto se hace gracias al script */etc/rc.d/init.d/lpd*, al que apuntan los enlaces S65lpd de los directorios */etc/rc.d/rc[2345].d*.

En un sistema tan sólo puede haber un demonio **lpd**. Para que ello sea así, el primero que se lanza crea el archivo */var/spool/lpd/lpd.lock* con el fin de indicar su presencia.

Desde su lanzamiento, este demonio **lpd** se pone a la escucha del socket */dev/printer* para responder a las peticiones locales de impresión. A cada nueva petición, crea un proceso hijo que se encarga de tratarla.

También trata las peticiones de impresión en red, escuchando el puerto 515 definido bajo el nombre **printer** en el archivo */etc/services*. Para que se acepte una petición, hace falta que la estación de origen figure en el archivo */etc/hosts.equiv* o */etc/hosts.lpd*, que será examinado en segundo lugar.

B. Configuración del servicio:*/etc/printcap*

Este archivo define las características de los procesos de impresión dirigidos a una determinada impresora. Estos parámetros son, entre otros:

- el nombre lógico de la impresora
- el archivo especial de interfaz con la impresora.
- el camino de acceso al spool
- otros parámetros abordados más adelante.

Como regla general, el archivo suministrado con el sistema ya contiene un gran número de configuraciones que hay que activar borrando los comentarios, líneas que empiezan por el carácter #. A continuación damos un extracto del archivo */etc/printcap* a modo de ejemplo.

```
lp|default printer:\
:lp=/dev/lp1:\
:sd=/usr/spool/lp1:\
:af=/var/account/lp-acct:\
:lf=/var/log/lpd-err:\
:rs:\
:mx#0:\
:sh
#
# Impresora Epson Stylus Color 600 - 20/02/1998
# Filtro que permite tratar los archivos
postscript
#
esps|espon para archivos postscript:\
:lp=/dev/lp1:\
:sd=/usr/spool/esps:\
:af=/var/account/esps-acct:\
:if=/usr/spool/esps/filtre.ps:\
:rs:\:mx#0:\
:sh
```

El archivo */etc/printcap* es un archivo orientado a la línea, es decir, que las características de las impresiones hacia un periférico dado están definidas en una línea. Esta se compone de un cierto número de campos separados los unos de los otros por el carácter ":". Sin embargo, estos campos pueden ser muy numerosos y una definición puede alargarse varias líneas físicas, a condición de indicar con el carácter "\" que la definición continua en la línea siguiente.

La definición de una impresora comienza por un primer campo que indica su nombre abreviado, en cuatro caracteres como máximo, seguido de uno o dos nombres largos (opcionales), separados por el carácter "|". A partir de ahí nos encontramos con campos suplementarios (también opcionales). La presencia de un campo permite modificar el valor que recibe por omisión (véase siguiente tabla).

Cada campo posee un nombre de dos caracteres. Existen tres tipos de campos:

– campos cadenas de caracteres. La sintaxis de su definición es la siguiente:

```
nombre=cadena de caracteres
```

– campos numéricos que se especifican de la siguiente forma:

```
nombre#valor
```

– los campos booleanos que se especifican indicando su nombre. En su ausencia, se tiene en cuenta el valor por omisión.

La siguiente tabla muestra una lista de los principales campos y da una breve descripción:

Nombre	Tipo	Valor por omisión	Descripción
hl	booleano	falso	si no se especifica sh, se imprime una página de separación después de cada tarea.
if	caracteres	NULL	nombre del filtro de pretratamiento del archivo.
lf	caracteres	/dev/console	nombre del archivo de almacenamiento de los errores.

Nombre	Tipo	Valor por omisión	Descripción
lp	caracteres	/dev/lp	nombre del archivo especial del periférico al que enviar las tareas.
mx	numérico	1000	tamaño máximo del archivo, ilimitado si mx vale 0.
pl	numérico	66	número de líneas por página.
pw	numérico	132	número de caracteres por línea.
rg	caracteres	NULL	nombre del grupo al que se restringe el uso de esta impresora.
rm	caracteres	NULL	nombre del servidor remoto de impresión.
rp	caracteres	lp	nombre de la impresora remota.
rs	booleano	falso	impresiones remotas sólo autorizadas a los usuarios que posean una cuenta en el servidor de impresión.
sc	booleano	falso	prohibe las copias múltiples.
sd	caracteres	/var/spool/lpd	nombre del directorio de la cola de espera.
sh	booleano	falso	no se imprime la página de separación.

Para obtener información más detallada podemos consultar la página de manual de printcap(5).

C. Archivos de control

Estos archivos permiten que los mandatos del sistema de impresión dialoguen entre ellos.

El primero de estos archivos, es */var/spool/lpd/lpd.lock* quien, como ya hemos visto, elimina la posibilidad de que haya más de un demonio **lpd** padre. Este es el único archivo global, todos los otros archivos son propios de una cola de espera y proporcionan información del estado de la cola. Encontramos los tres archivos siguientes:

lock

El archivo *lock* contiene al menos una línea con el PID del último proceso **lpd** que ha generado este archivo. En una segunda línea, encontramos el nombre del archivo de configuración de la última petición de impresión tratada o, en caso de que la haya, de la petición que se esté tratando actualmente.

Lock es el nombre por omisión de este archivo, modificable con la ayuda de la clave **lo** en */etc/printcap*.

En el ejemplo siguiente en el que la impresión está suspendida, el archivo *lock* contiene dos líneas. La primera contiene el PID del proceso **lpd** encargado de tratar la petición, cuyo archivo de configuración se indica en la segunda línea:

```
# cat lock
1423
cfA318Aa01416
# ps aux|grep lpd
root 89 0.0 0.6 788 312 ? S 11:20 0:00 /usr/sbin/lpd
root 1423 0.0 0.8 804 380 ? S 19:52 0:00 /usr/sbin/
lpd
```

De los dos procesos **lpd**, el proceso cuyo PID vale 89 es el proceso padre, el que se lanza en el arranque del sistema, y el que, a cada nueva petición, genera un proceso hijo, en este caso el proceso 1423, para tratarla.

A este archivo se le bloquea para tener la seguridad de que la solicitud tan sólo la trata un único demonio **lpd** y para evitar la mezcla de las salidas por la impresora.

Los permisos de acceso del archivos *lock* indican a **lpd** y a **lpr** el estado de la cola de espera y el de la impresora:

- si el propietario dispone del derecho de ejecución, entonces se prohibe la impresión,
- si el grupo dispone del derecho de ejecución, se cierra la cola de espera,
- estas dos situaciones pueden darse simultáneamente.

status

El archivo *status* informa acerca del estado de la impresora. Se consulta mediante los mandatos **lpq** y **lpr**.

Ejemplo:

```
# cat status
printing disabled
```

En este caso, el archivo *status* indica que la impresión está suspendida. Las peticiones continúan aceptándose y almacenándose en la cola de espera.

El nombre por omisión de este archivo es *status*, sin embargo puede modificarse gracias a la ayuda de la clave **st** en */etc/printcap*.

seq

El archivo *.seq* contiene el número de secuencia del siguiente trabajo local. Permite al mandato **lpr** numerar los archivos de tratamiento de la petición. Las peticiones procedentes de estaciones remotas se numeran en la estación de origen.

```
# ls -l
total 5
-rw-rw---- 1 bin    lp  76 Nov 8 19:52 cfA318Aa01416
-rw-rw---- 1 system lp 678 Nov 8 19:52 dfA318Aa01416
-rwxr-xr-x 1 root root  76 May 9  1998 filtre.ps* -
rwxr--r--  1 root root  19 Nov 8 19:52 lock*
-rw-rw-r-- 1 root root  18 Nov 8 19:53 status
# cat .seq
319
```

Además, en cada petición se generan dos archivos más:

– el primero es pura y simplemente una copia del archivo a imprimir. Su nombre está formado por un prefijo, una letra de la A a la Z, un número de orden encontrado en el archivo *.seq* y un sufijo identificando la estación. El prefijo es **df**, lo que nos da cincuenta y dos archivos posibles, desde dfA hasta dfZ. Si hay más de cincuenta y dos archivos, se utilizarán los prefijos desde ef hasta zf. En el caso de una petición de impresión con la opción `-s`, este archivo constituye un enlace con el archivo.

– el segundo contiene algunos parámetros referentes a la impresión propiamente dicha.

↓notas personales↓

D. Mandato de lanzamiento de la impresión: **lpr**

Este mandato solicita la impresión de un archivo cuyo nombre se le pasa como argumento. Este mandato también puede trabajar a partir de su canal de entrada, lo que hace que nos lo encontremos habitualmente conectado a un mandato por medio de una tubería. Así para imprimir el contenido del directorio actual sólo tenemos que hacer:

```
$ ls | lpr
$
```

Este mandato lo único que hace es añadir esta petición de impresión a la cola de espera de la impresora por omisión. El usuario puede decidir si quiere enviar la petición hacia otra impresora. Si se trata de una necesidad puntual, esto puede hacerse con la opción `-P<nombre de impresora>` del mismo mandato. En el caso en el que el usuario quiera utilizar frecuentemente otra impresora distinta de la impresora por omisión del sistema, es preferible especificar el nombre en la variable de entorno PRINTER. La impresora así designada se convertirá en la impresora por omisión para este usuario.

Este mandato admite algunas opciones, de las que las más utilizadas son:

- `-P` Permite, como ya hemos visto, especificar una impresora distinta de la impresora por omisión o de la impresora especificada por la variable PRINTER.
- `-m` Advierte al usuario que la impresión ha terminado, lo cual resulta útil cuando se trata de una impresión diferida.
- `-r` Borra el archivo una vez ha terminado la impresión.

`-s` En lugar de hacer una copia del archivo, esta opción pide a **lpr** que utilice directamente el archivo indicado. Esta opción es necesaria cuando el archivo es voluminoso. Sin embargo, es aconsejable no modificar su contenido mientras no finalice la impresión.

`-#n` Solicita imprimir n copias.

E. Mandato de la gestión de la cola de espera: lpq, lprm

Estos dos mandatos ofrecen a los usuarios la posibilidad de ver la lista de documentos enviados al sistema de impresión y, si procede, borrarlos de la lista.

1. Lista de documentos en espera de impresión: lpq

Sin opciones, este mandato mostrará el contenido de la cola de espera de la impresora lp o de la impresora $PRINTER. Para visualizar una cola de espera en particular, hay que indicarlo con la ayuda de la opción `-P`.

```
$ lpq
Rank    Owner        Job   Files           Total Size
1st     system       503   bug.c           678 bytes
2nd     root         504   linux_admin     10549 bytes
```

Las informaciones proporcionadas por **lpq** se refieren a la cantidad de solicitudes en cola de espera, al usuario que ha efectuado la solicitud, al identificador de la solicitud, así como al nombre y tamaño del archivo a imprimir.

El identificador de la petición es indispensable para poder borrar una petición de la cola de espera. Para eso utilizamos el mandato **lprm**.

2. Borrado de un documento en espera de impresión: lprm

Este mandato permite borrar de la cola de espera la petición cuyo identificador se le proporciona como argumento. Por omisión, la petición se borra de la cola lp o de la cola $PRINTER. Para indicar otro cola utilizamos, como con lpr, la opción `-P`.

Obviamente, un usuario tan sólo puede borrar las peticiones que él ha formulado. Sólo el administrador puede borrar las peticiones de un usuario, proporcionándole su nombre a **lprm**.

Para borrar la totalidad de peticiones, un usuario deberá utilizar la opción `-`.

F. Administración del sistema de impresión: lpc

La administración del sistema de impresión, tipo BSD, puede consistir en una de las dos tareas siguientes:

- activar o desactivar una impresora, sin incidir en el funcionamiento de la cola de espera asociada. No hay que confundir impresora y periférico de impresión. Dos impresoras distintas pueden compartir el mismo periférico físico de impresión.

– activar o desactivar una cola de espera. Desactivar una cola de espera equivale a prohibir toda petición de impresión con destino a esta cola. Las peticiones ya presentes en la cola se tratarán sólo si la impresora está activa.
– modificar el orden de las peticiones presentes en una cola de espera.
– mostrar el estado de varias impresoras, colas de espera y procesos asociados.

Todas las tareas de administración del sistema de impresión de BSD se hacen gracias al mandato **lpc**. Este posee dos modos de funcionamiento, según se invoque con o sin argumentos.

Invocado sin argumentos, pasa al modo interactivo, mostrando el indicator lpc> y esperando la entrada de un mandato por parte del usuario, que deberá poner fin al mandato **lpc** de forma explícita. En el caso de que se le proporcione un mandato como argumento, lo ejecutará y a continuación finalizará, lo que puede ser suficiente para ciertas situaciones.

Las acciones que puede ejecutar el mandato **lpc** son:

? [cmd], help [cmd]	Para obtener ayuda en línea, global o relacionada con el mandato cuyo nombre le damos como argumento.
abort {all|impr}	Detiene la impresión actual y desactiva la impresora indicada.
stop {all|impr}	Desactiva la impresora indicada después de la finalización de la petición que se esté tratando actualmente.
start {all|impr}	Activa la impresora especificada, quedando iguales las filas de espera.
restart {all|impr}	Idéntico a **start**, pero borra los procesos lpd existentes y relanza otros nuevos.

↓notas personales↓

disable {all|impr}	Desactiva la fila de espera indicada, prohibiendo el envío de nuevas peticiones que tengan como destino esta cola.
enable {all|impr}	Activa una cola de espera que haya sido desactivada por el mandato **disable**.
down {all|impr}	Este mensaje desactiva la cola de espera y el periférico asociados a la impresora indicada y pone el mensaje suministrado por el archivo *status*. El contenido de este archivo se visualiza gracias al mandato **lpq**.
up {all|impr}	Activa la cola de espera y el periférico asociado a la impresora especificada.
topq impr [num] [usuario]	Coloca al principio de la cola de espera las tareas cuyos número le indicamos. Cuando se le proporciona un número de usuario, todas sus peticiones se sitúan al principio de la cola.
status {all|impr}	Muestra el estado del periférico, del eventual demonio **lpd** y de la cola de espera asociados a la impresora especificada.
clean {all|impr}	Limpia la cola de espera de la impresora especificada borrando los archivos de control residuales.
exit, quit	Pone fin a la sesión interactiva de **lpc**.

```
[merlin]# lpc down esps mantenimiento de la
impresora esps: printer and queuing disabled
[merlin]# lpq -Pesps
Warning: esps is down: mantenimiento de la impresora
Warning: esps queue is turned offno entries
[merlin]#
```

G. Impresión remota

Es posible pedir la impresión de un documento en una impresora remota, es decir, que no esté conectada físicamente a la estación. En este caso, el demonio **lpd** de la estación local se encargará de transmitir la petición al demonio **lpd** del servidor de impresión.

1. Lado cliente

Al igual que la declaración de un impresora local se hace en el archivo */etc/printcap*, la declaración de una impresora remota se hace simplemente creando una nueva entrada en el mismo archivo */etc/printcap*.

La imagen siguiente muestra los ejemplos de dos entradas de este archivo que declaran, cada una, una impresora remota:

```
lp:\
lp=:\
sd=/var/spool/lpd:\
rm=merlin.bretagne.fr:\
rp=lp:mx#0:\
sh:
esps|impresora Postscript:\
:lp=/dev/null:\
:sd=/var/spool/esps:\
:rp=esps:\
:rm=merlin.bretagne.fr:\
:mx#0:
```

Distinguimos cinco elementos:

- el campo **lp** está vacío. Dado que la impresora ne se halla conectada físicamente, no hay razón alguna para cumplimentar este campo.
- el campo **rm** (remote machine) indica el nombre FWDN de la estación a la que está conectada la impresora.
- el campo **rp** (remote printer) es el nombre de la impresora tal y como se la conoce en el servidor de impresión.

- aunque se trata de una impresora que no está físicamente conectada de modo local, es necesario crear una cola de espera.
- sin embargo, en esta entrada no figurará ningún detalle de la impresora remota, indicándose las características de la impresora en el archivo de configuración del servidor.

2. Lado servidor

Para que las estaciones remotas puedan utilizar la impresora conectada a una estación, debe figurar el nombre de estas estaciones clientes en los archivos */etc/hosts.lpd* o */etc/hosts.equiv*.

Si existe, se examina en primer lugar el archivo */etc/hosts.lpd*. En este caso, tan sólo tendrán autorización para utilizar la impresora local las estaciones cuyo nombre figure en dicho archivo.

Si */etc/hosts.lpd* no existe, se consultará el archivo */etc/hosts.equiv*.

Con el fin de mejorar la seguridad del servidor de impresión, es posible hacer que sólo los usuarios que posean una cuenta en el servidor estén autorizados a utilizar de forma remota esta o aquella impresora. Para eso pondremos la opción `rs` en las entradas correspondientes del archivo */etc/printcap* del servidor.

Gestión de los terminales

A. Introducción

Al igual que otros sistemas UNIX, Linux gestiona distintos tipos de terminales:

– consolas virtuales
– terminales serie
– seudo terminales
– terminales X...

puede ser necesario disponer de un terminal de rescate, por si el terminal actual se llega a bloquear. Con la ayuda de este terminal, siempre es posible abrir una sesión y desbloquear la situación. Si no hay ninguna posibilidad de conexión al sistema, la única solución es hacer una reinicialización salvaje del sistema, con los riesgos que esto conlleva para el sistema de archivos.

Este capítulo presenta las diferentes elementos que hay que conocer y el procedimiento que hay que seguir para conectar al sistema un terminal serie de tipo vt100, que podemos encontrar fácilmente en el mercado de segunda mano.

Existen varios demonios de gestión de terminales para Linux. Podemos encontrar **agetty**, **getty_ps** y **mgetty**. Por nuestra parte, hemos elegido getty_ps, ya que es prácticamente igual que el demonio getty clásico de los Unix System V.

B. Demonio getty

Este proceso **getty** se halla a la escucha de los terminales e inicia el siguiente proceso de acceso al sistema:

- mostrar el cartel contenido en el archivo */etc/issue*,
- mostrar el mensaje de petición de identificación (generalmente login:), mensaje indicado en */etc/gettydefs*,
- espera de una cadena de caracteres confirmada por un retorno de carro,
- ejecución en forma enmascarada del proceso de login, lo que termina con el proceso,
- muestra el contenido del archivo */etc/motd* (en caso de ausencia del archivo *$HOME/.hushlogin*),
- lanzamiento del shell o del programa de conexión.

En caso de intentos infructuosos o al acabarse el plazo de tiempo, se termina el proceso de login e **init** vuelve a lanzar un proceso getty para este terminal, siempre y cuando esté indicado en */ect/inittab* mediante la palabra clave respawn.

El proceso **getty** es hijo directo del proceso **init**. Su ejecución viene determinada por la presencia de entradas en el archivo */etc/inittab* y su comportamiento está parametrizado por el archivo */etc/gettydefs*.

La siguiente imagen muestra ejemplos de entradas en un archivo */etc/inittab* referentes al mandato **getty**:

```
#
# Consolas virtuales
#
c1:1235:respawn:/sbin/getty tty1 VC linux
c2:1235:respawn:/sbin/getty tty2 VC linux
c3:12345:respawn:/sbin/getty tty3 VC linux
c4:12345:respawn:/sbin/getty tty4 VC linux
c5:12345:respawn:/sbin/getty tty5 VC linux
c6:12345:respawn:/sbin/getty tty6 VC linux
c7:12345:respawn:/sbin/getty tty7 VC linux
c8:12345:respawn:/sbin/getty tty8 VC linux
#
# Líneas serie
#
s1:2345:respawn:/sbin/getty ttyS1 DT9600 vt100
s2:2345:respawn:/sbin/getty ttyS2 DT9600 vt100
s3:2345:respawn:/sbin/getty ttyS3 DT9600 vt100
s4:2345:respawn:/sbin/getty ttyS4 DT9600 vt100
```

1. Ejecución de getty

El mandato getty puede ejecutarse de dos formas:

- automáticamenten, por medio del archivo */etc/inittab*, para gestionar las líneas de conexión
- manualmente, con el fin de verificar la sintaxis de un archivo de configuración.

Ejecución manual

La verificación de la sintaxis del archivo de configuración del demonio **getty** es primordial. En el caso de que hayan errores en este archivo podríamos perder toda posibilidad de conexión al sistema. Si bien, hasta cierto punto, podemos confiar en el archivo de configuración que se entrega con el demonio, es indispendable efectuar esta verificación en caso de que uno mismo añada sus propios criterios de configuración.

Ejecución automática

Esto se hace por medio del archivo */etc/inittab* que le indica al proceso **init** las acciones a efectuar, generalmente durante el arranque del sistema.

El proceso **getty** se invoca utilizando la siguiente sintaxis mínima:

```
/sbin/getty línea etiqueta
```

`línea`	Es el nombre del archivo especial, que debe residir en el directorio /dev, que gestiona la interfaz con el terminal físico.
`etiqueta`	Es una entrada en el archivo */etc/gettydefs* que define las principales características de la conexión.

Para obtener una información más completa a propósito de las diferentes opciones de getty, podemos consultar la página de manual (página muy detallada). Sin embargo, en la mayor parte de los casos, cuando se invoque **getty** desde la línea de mandatos se hará de la forma anteriormente descrita.

El administrador puede desactivar un terminal reemplazando en la línea correspondiente del archivo */etc/inittab*, la palabra clave *respawn* por la palabra clave *off*, y ejecutando a continuación el mandato **telinit** que le pide al proceso **init** que relea su archivo de configuración.

2. Archivo */etc/gettydefs*

Este archivo contiene los parámetros de la conexión (velocidad, modo, retrasos...) y el mensaje de *login*. Como hay varios tipos de conexión posibles, este archivo contiene las características de unas cuantas.

Cada entrada en este archivo contiene cinco campos separados los unos de los otros por el carácter #:

```
etiqueta#modos-iniciales#modos-finales#
identificación#siguiente-etiqueta
```

Cada entrada debe ir seguida por una línea vacía, y toda línea que comience por un carácter # será ignorada y por tanto servirá como comentario.

Significado de los campos:

etiqueta Este campo identifica la entrada. Es el campo que se pasa como primer argumento a getty para indicarle la entrada de */etc/gettydefs* que debe tener en cuenta. Las entradas se etiquetan generalmente con la velocidad (ej. 9600), pero no es obligatorio.

modos-iniciales Estos son los modos de conexión utilizados por **getty** mediante la llamada al sistema ioctl(). La lista de los posibles modos figura en la página del manual de termios.

modos-finales Estos son los modos utilizados por la conexión justo antes de pasar al proceso login. Los posibles modos son los mismos que los modos iniciales.

identificación Se trata de la cadena que aparecerá en el terminal cuando se pida la identificación. Lo más normal es que se trate de la cadena login:. No hay que confundir esta cadena con el contenido del archivo */etc/issue*.

siguiente-etiqueta Si el usuario envía un ak, **getty** intentará parametrizar la línea en función de la entrada cuya etiqueta corresponda a este campo.

En la imagen que presentamos a continuación se muestra un extracto de un archivo */etc/gettydefs*:

```
# Virtual Console entry
VC# B9600 SANE CLOCAL # B9600 SANE -ISTRIP CLOCAL #
@S login: #VC

# 38400 fixed baud Dumb Terminal entry
DT38400# B38400 CS8 CLOCAL CRTSCTS # B38400 SANE
-ISTRIP CLOCAL CRTSCTS #@S login: #DT38400

# 19200 fixed baud Dumb Terminal entry
DT19200# B19200 CS8 CLOCAL # B19200 SANE -ISTRIP
 CLOCAL #@S login: #DT19200

# 9600 baud Dumb Terminal entry
DT9600# B9600 CS8 CLOCAL # B9600 SANE -ISTRIP
CLOCAL #@S login: #DT9600
DT1200# B1200 CS8 CLOCAL # B1200 SANE -ISTRIP
CLOCAL #@S login: #DT1200

# 38400 fixed-baud modem entry
F38400# B38400 CS8 # B38400 SANE -ISTRIP HUPCL
#@S login: #F38400
```

C. Definición de los terminales

Cada terminal tiene unas características físicas específicas que hay que comunicar a los programas que necesiten acceder a ellas. Para esto utilizaremos una base de datos que almacenará estas características.

En el mundo Unix, existen dos tipos de bases de datos para la gestión de los terminales:

- la rama BSD utiliza el archivo */etc/termcap*,
- la rama System V utiliza un árbol de directorios que comienza en */usr/lib/terminfo*.

La utilización de una u otra base de datos depende del programa utilizado. Linux dispone de herramientas para tratar las dos, al igual que AIX y otros sistemas Unix.

1. Base de información termcap

La base de información termcap está constituida por el archivo */etc/termcap* que contiene la definición de los terminales que el sistema puede gestionar.

Cada definición está constituida por una sola línea lógica. Ésta puede extenderse varias línea físicas a condición de poner el carácter \ al final de cada una de ellas, excepto la última. La imagen siguiente muestra un extracto de un archivo */etc/termcap*:

```
# cat /etc/termcap
...
# Generic VT entry.
vg|vt-generic|Generic VT entries:\
        :bs:mi:ms:pt:xn:xo:it#8:\
        :RA=\E[?7l:SA=\E?7h:\
        :bl=^G:cr=^M:ta=^I:\
        :cm=\E[%i%d;%dH:\
        :le=^H:up=\E[A:do=\E[B:nd=\E[C:\
        :LE=\E[%dD:RI=\E[%dC:UP=\E[%dA:DO=\E[%dB:\
        :ho=\E[H:cl=\E[H\E[2J:ce=\E[K:cb=\E[1K:cd=\
         E[J:sf=\ED:sr=\EM:\
        :ct=\E[3g:st=\EH:\
        :cs=\E[%i%d;%dr:sc=\E7:rc=\E8:\
        :ei=\E[4l:ic=\E[@:IC=\E[%d@:al=\E[L:AL=\
         E[%dL:\
        :dc=\E[P:DC=\E[%dP:dl=\E[M:DL=\E[%dM:\
        :so=\E[7m:se=\E[m:us=\E[4m:ue=\E[m:\
        :mb=\E[5m:mh=\E[2m:md=\E[1m:mr=\E[7m:me=\
         E[m:\
        :sc=\E7:rc=\E8:kb=\177:\
        :ku=\E[A:kd=\E[B:kr=\E[C:kl=\E[D:...
```

La entrada a tener en cuenta viene determinada por la variable de entorno TERM que contiene el nombre del terminal.

También existe otra variable de entorno, llamada TERM - CAP, que puede contener el nombre de otro archivo de configuración de terminales o bien la definición del terminal utilizado. Si utilizamos esta última opción nos evitaremos la lectura del archivo */etc/termcap* cada vez que un programa tenga necesidad de conocer la configuración del terminal actual, lectura que comportar una penalización de tiempo si esta definición está situada al final del archivo.

Si esta variable no está definida, se tomará por omisión el archivo */etc/termcap*.

2. Base de información terminfo

La base terminfo está constituida por un conjunto de archivos, uno para cada terminal, organizados jerárquicamente. Cada archivo lleva el nombre del terminal cuya definición contiene, y se almacena en un directorio cuyo nombre es la primera letra del archivo. El conjunto de los directorios de base están situados en el directorio */usr/lib/terminfo*.

Además, cada archivo es el resultado de la compilación por medio de la utilidad tic (terminfo compiler) de un archivo fuente, y por tanto no puede leerse, salvo si se descompila con el mandato **infocmp**. Debido a su organización y a la naturaleza compilada de sus archivos, la base terminfo permite un acceso más rápido a las informaciones de un terminal dado.

Y a la inversa, la naturaleza secuencial del archivo */etc/termcap* penaliza el acceso a los datos de los terminales cuya definición se sitúa al final del archivo. Debido a esto, es aconsejable poner al principio del archivo la definición de los terminales más utilizados y borrar los terminales menos utilizados o ponerlos al final del archivo. Parece que al final la base terminfo terminará por suplantar totalmente el archivo */etc/termcap*. Sin embargo, como todavía existen programas que utilizan esta base de datos, es necesario conservarla en el sistema.

↓notas personales↓

3. Mandato toe

El mandato **toe** permite obtener información sobre la base de información terminfo. Su sintaxis es la siguiente:

```
toe [opciones] [archivo]
```

Si se utiliza sin opciones ni argumentos, proporciona la lista de todos los terminales gestionados por esta base de información, mostrando su nombre primario seguido por una breve definición (véase imagen siguiente), a partir de la localización por omisión de la base de información */usr/lib/terminfo*. La opción `-h` permite verificar la localización por omisión:

```
[3]-system(merlin)~:toe|grep vt100|head
vt100           dec vt100 (w/advanced video)
vt100           dec vt100 (w/advanced video)
vt220           DEC VT220 in vt100 emulation mode
v5410           5410 in terms of a vt100
versaterm       versaterm vt100 emulator
                for the macintosh
vt100nam        vt100 no automargins
vt100-w         dec vt100 132 cols (w/advanced video)
vt100-w-nam     dec vt100 132 cols (w/advanced video
                no automargin)
vt100-nav       vt100 without advanced video option
vt100-nav-w     dec vt100 132 cols 14 lines
                (no advanced video option)
[4]-system(merlin)~:toe -h | head
#
#/home/system/.terminfo:
#
vt100           dec vt100 (w/advanced video)
#
#/usr/lib/terminfo:
#
lpr             line printer
lisa            apple lisa console display
                (black on white)
ln03            dec ln03 laser printer
```

La utilidad **toe** admite las opciones siguientes:

- `-u` Muestra las dependencias de una definición del archivo especificado, es decir el número de terminales que dependen de la definición examinada. El archivo debe haber sido previamente descompilado por infocmp.
- `-U` Muestra las dependencias inversas del archivo especificado, es decir, el número de terminales que dependen del archivo de configuración dado como argumento. El archivo debe haber sido descompilado por infocmp.
- `-vn` Permite mostrar información sobre el trabajo efectuado por **toe**. El argumento `n`, que puede variar entre 1 y 10, indica la cantidad de informaciones mostradas.

4. Mandato infocmp

Este mandato permite visualizar el contenido de un archivo de la base de información *terminfo*. Para eso, **infocmp** utiliza la siguiente sintaxis:

```
infocmp [opción] <terminal>
```

Generalmente, el resultado de **infocmp** se redirige a un archivo para que así pueda modificarse para adaptarlo a un terminal que no esté disponible en la base de datos.

La imagen siguiente da un ejemplo de utilización del mandato **infocmp** para obtener las características del terminal vt100:

```
5]-system(merlin)~:infocmp vt100
#       Reconstructed via infocmp from file: /home/sys
tem/.terminfo/v/vt100
vt100|vt100-am|dec vt100 (w/advanced video),
        am, msgr, xenl, xon,
        cols#80, it#8, lines#24, vt#3,
        acsc="aaffggjjkkllmmnnooppqqrrssttuuvvwwxxyyzz
        {{||}}~~,
        bel=^G, blink=\E[5m$, bold=\E[1m$,
        clear=\E[H\E[J$2, cr=^M, csr=\E[%i%p1%d;%p2%dr,
        cub=\E[%p1%dD, cub1=^H, cud=\E[%p1%dB, cud1=^J,
        cuf=\E[%p1%dC, cuf1=\E[C$,
        cup=\E[%i%p1%d;%p2%dH$, cuu=\E[%p1%dA,
        cuu1=\E[A$, ed=\E[J$2, el=\E[K$,
        el1=\E[1K$, enacs=\E(B\E)0, home=\E[H, ht=^I,
        hts=\EH, ind=^J, ka1=\EOq, ka3=\EOs, kb2=\EOr,
        kbs=^H, kc1=\EOp, kc3=\EOn, kcub1=\EOD,
        kcud1=\EOB,
        kcuf1=\EOC, kcuu1=\EOA, kent=\EOM, kf0=\EOy,
        kf1=\EOP, kf10=\EOx, kf2=\EOQ, kf3=\EOR, kf4=\
        EOS,
        kf5=\EOt, kf6=\EOu, kf7=\EOv, kf8=\EOl, kf9=\
        EOw,
        rc=\E8, rev=\E[7m$, ri=\EM$, rmacs=^O,
        rmam=\E[?7l, rmkx=\E[?1l\E, rmso=\E[m$,
        rmul=\E[m$,
        rs2=\E\E[?3l\E[?4l\E[?5l\E[?7h\E[?8h, sc=\E7,
        sgr=\E[0%?%p1%p6%|%t;1%;%?%p2%t;4%;%?%p1%p3%|
        %t;7%;%?%p4%t;5%;m%?%p9%t\0 16%e\017%;,
        sgr0=\E[m\017$, smacs=^N, smam=\E[?7h,
        smkx=\E[?1h\E=, smso=\E[7m$, smul=\E[4m$,
        tbc=\E[3g,
```

Las opciones de **infocmp** son numerosas y de poca utilidad. El uso más normal de la utilidad **infocmp** se centra en la recuperación de la definición de un terminal para modificarlo y recompilarlo por medio de **tic**.

5. Mandato tic

La utilidad **tic** permite compilar el archivo fuente de las características de un terminal, una vez creado o modificado a partir de un archivo recreado por infocmp. El resultado de la compilación es un archivo cuyo nombre se extrae de la definición y se coloca en la base de datos */usr/lib/terminfo*, en un directorio que corresponde a la inicial del archivo creado:

```
# infocmp vt100  vt100-gen
# tic -v vt100-gen
Starting 'vt100|vt100-am|dec vt100 (w/advanced
video)'
Created v/vt100
Linked v/vt100-am
```

Las opciones del mandato **tic** son las siguientes:

`-c` Sólo verifica la sintaxis y muestra los posibles errores en el archivo fuente.

`-vn` Muestra información sobre el desarrollo de la ejecución de **tic**. La información es más numerosa cuando mayor sea n, que puede variar entre 1 y 10.

↓notas personales↓

Gestión de la hora y de las zonas horarias

El tiempo en Unix se gestiona sobre la base de los segundos pasados desde el 1 de enero de 1970 a las 0 horas GMT, momento que se llama *The Epoch*. Actualmente, el núcleo de Linux almacena este número en una variable de 32 bits, más exactamente en 31 bits. Debido a esto, la limitación no es el año 2000 (¡!) sino el 2038.

Además de almacenar la hora, es necesario tener en cuenta la gestión del desfase horario.

A. Gestión de los relojes: clock, date

Linux dispone de dos relojes, un **reloj físico**, todavía llamado reloj CMOS debido al nombre del componente físico que almacena la hora, y un **reloj lógico** o reloj sistema, que se inicializa en cada arranque. La gestión de estos relojes reposa en dos mandatos diferentes:

- **clock** para el reloj CMOS.
- **date y clock** para el reloj lógico.

*El mandato **clock** está siendo reemplazado por **hwclock**. Este último funciona de la misma forma, pero tiene unos nombres de opciones diferentes. Sin embargo acepta los nombres de opciones de clock por razones de compatibilidad. Además, para hacer la transición menos traumática, normalmente clock es un enlace hacia hwclock.*

Estos dos relojes dependen estrechamente el uno del otro. Se sincronizan el uno respecto del otro:

– el reloj lógico normalmente se inicializa en el arranque a partir del valor del reloj físico,
– el reloj físico se pone al día a partir del valor del reloj lógico.

1. Reloj lógico

Inicialización

Para eso, utilizaremos el mandato **clock -s** en uno de los scripts de inicialización del sistema: */etc/rc.d/local* para una distribución Slackware y */etc/rc.d/rc.sysinit* para una distribución Redhat. Especificamos mediante la opción `-u` si el reloj CMOS está a la hora UTC. Esto significa que Linux debe conocer el valor del desfase a aplicar para obtener la hora local.

Visualización

El mandato **date** permite obtener el contenido, convertido a un formato que depende de las opciones y de la variable **LANG**.

Puesta en hora

El mandato **date** también permite modificar el valor del reloj sistema. Para eso, hay que proporcionarle el nuevo valor utilizando el siguiente formato numérico:
MMDDHHmmSSAAss, siendo MM el mes,
DD el día del mes,
HH la hora,
mm los minutos,
SS el siglo,
AA el año,
ss los segundos.

Los tres últimos valores son opcionales.

Por ejemplo, para poner el reloj sistema a las 12:00 del 14 de abril, habría que ejecutar el mandato:

```
# date 04141200
```

Hay que poner de relieve observar que sólo el administrador puede modificar el reloj del sistema.

2. Reloj físico

La puesta en hora del reloj físico se hace a partir de la hora del reloj sistema, con la ayuda del mandato **clock -w**.

La opción `-u` se utiliza (igual que antes) por las razones expuestas anteriormente (véase opción `-u` página 185).

El mandato **clock -r** permite la visualización del contenido del reloj físico.

B. Gestión de las zonas horarias

En Unix han existido varios sistemas de gestión de las zonas horarias. El sistema adoptado por Linux es un sistema independiente del núcleo. Se trata del archivo */etc/localtime*, que contiene los elementos descriptivos de la zona utilizada, es decir, las reglas del desfase horario que incluyen los cambios al horario de invierno y al horario de verano.

El archivo */etc/localtime* normalmente es un enlace simbólico hacia el archivo almacenado en el directorio */usr/lib/zoneinfo* y que corresponde con la zona meridiana actual. Este directorio contiene los archivos de descripción para un gran número de zonas meridianas. Estos archivos son el resultado de la compilación de archivos fuente con la utilidad **zic** (*Zone Info Compiler*).

A la inversa, es posible visualizar el contenido gracias a la utilidad **zdump**.

La siguiente imagen muestra un extracto de un archivo */etc/localtime*.

```
# zdump -v /etc/localtime
...
localtime  Sun Mar 30 00:59:59 1997 GMT = Sun Mar 30 01:59:59 1997
CET isdst=0
localtime  Sun Mar 30 01:00:00 1997 GMT = Sun Mar 30 03:00:00 1997
CEST isdst=1
localtime  Sun Oct 26 00:59:59 1997 GMT = Sun Oct 26 02:59:59 1997
CEST isdst=1
localtime  Sun Oct 26 01:00:00 1997 GMT = Sun Oct 26 02:00:00 1997
CET isdst=0
localtime  Sun Mar 29 00:59:59 1998 GMT = Sun Mar 29 01:59:59 1998
CET isdst=0
localtime  Sun Mar 29 01:00:00 1998 GMT = Sun Mar 29 03:00:00 1998
CEST isdst=1
localtime  Sun Oct 25 00:59:59 1998 GMT = Sun Oct 25 02:59:59 1998
CEST isdst=1
localtime  Sun Oct 25 01:00:00 1998 GMT = Sun Oct 25 02:00:00 1998
CET isdst=0
localtime  Sun Mar 28 00:59:59 1999 GMT = Sun Mar 28 01:59:59 1999
CET isdst=0
localtime  Sun Mar 28 01:00:00 1999 GMT = Sun Mar 28 03:00:00 1999
CEST isdst=1
localtime  Sun Oct 31 00:59:59 1999 GMT = Sun Oct 31 02:59:59 1999
CEST isdst=1
localtime  Sun Oct 31 01:00:00 1999 GMT = Sun Oct 31 02:00:00 1999
CET isdst=0
...
```

España se encuentra en la zona CET, dato que podemos obtener viendo el resultado del mandato **date**:

```
$ date
Mon Oct 26 11:47:21 CET 1998
```

Si está utilizando el horario de verano, veremos aparecer la indicación CEST:

```
$ date
Thu Oct 08 04:25:00 CEST 1998
```

↓notas personales↓

Configuración del sistema Timezone

Para que Linux sea capaz de gestionar los distintos cambios de hora, hay que definir el archivo que contiene las reglas de cambio de hora siguiendo las siguientes etapas:

- cd /usr/lib/zoneinfo,
- cp CET localtime,
- ln -sf localtime posixrules.

Una vez hayamos hecho esto, sólo tenemos que hacer que el sistema aplique las reglas indicadas por el archivo */usr/lib/zoneinfo/localtime*. Para ello, utilizaremos el mandato **clock**. De hecho, esta operación se hace durante la inicialización del reloj lógico. Las opciones del mandato **clock** dependerán del reloj de la estación:

- la estación sigue el horario GMT. En ese caso, utilizaremos el mandato **clock -u -s**. La opción `-s` le pide al sistema que se sincronice con el reloj CMOS, y la opción `-u` indica que el reloj CMOS sigue el horario GMT.
- la estación utiliza la hora local, en cuyo caso debemos utilizar únicamente la opción `-s`. Sin embargo, en esta situación, los cambios de hora sólo serán efectivos si la estación está en servicio en el momento del cambio; si no es así deberemos poner en hora el reloj con el mandato **clock -w** o cambiando la hora de la BIOS en el momento del arranque.

Está claro que la primera solución es mucho más aconsejable que la segunda. Hay que tener cuidado de que el reloj sea gestionado por un solo sistema so pena de obtener una sucesión de desfases en la hora.

Contabilidad

↓notas personales↓

En todo sistema Unix, y por ende en Linux, existen unas cuantas utilidades que permiten obtener estadísticas sobre la utilización del sistema:

who Relación de las conexiones actuales.

last Relación del conjunto de conexiones, terminadas o en curso.

ac Relación de las conexiones por día y/o usuario.

lastcomm Histórico de los mandatos ejecutados por el sistema.

sa Estadísticas detalladas de los mandatos ejecutados.

Estas utilidades utilizan varios archivos gestionados por el núcleo. Estos archivos son los siguientes:

/var/adm/utmp Contiene las informaciones relativas a las conexiones actuales. Lo utiliza el mandato **who**.

/var/adm/wtmp Contiene las informaciones relativas a todas las conexiones, pasadas o actuales. Lo utilizan por los comandos **last** y **ac**.

/var/account/pacct Contiene información muy detallada de los procesos que han sido ejecutados por el sistema. Este fichero lo utilizan los mandatos **lastcomm** y **sa**.

Mientras que los dos primeros archivos se gestionan de forma continua por el núcleo, la gestión del archivo */var/account/pacct* no está activada por omisión. La gestión de este archivo constituye un mecanismo llamado contabilidad, que permite hacer el siguimiento de los mandatos ejecutados por el sistema y gestionar estadísticas sobre la utilización del sistema. Así pues, se almacena información acerca de cada mandato ejecutado; esta información se detallará posteriormente. Este mecanismo no constituye por sí mismo un subsistema, sino que la información sale directamente del núcleo gracias a la primitiva acct(2).

Es necesario activar este mecanismo con la ayuda del mandado **accton**. Cuando lo hagamos, el núcleo creará un registro para cada uno de los procesos. Estos registros son muy numerosos si se hacen en un sistema normal, y el archivo donde se almacenan los datos puede volverse muy voluminoso, hasta el punto de saturar el sistema de archivos que lo alberga. En ese caso, el mecanismo se detiene automáticamente hasta que vuelva a haber sitio en el disco.

Hay que poner de relieve que la contabilidad de un sistema Linux es de tipo BSD, cuyo origen se remonta a la versión 7.

Las utilidades de este mecanismo de contabilidad también están presentes en AIX, Digital UNIX, HP-UX y SunOS, a las que hay que añadir las utilidades proporcionadas por SYSTEM V, ya que este último se apoya globalmente sobre los mismos datos.

La mayoría de las utilidades de contabilidad forman parte del paquete de programas GNUacct-6.3.2.

Si se pasa hacia el núcleo 2.2.x, es necesario volver a compilar estas utilidades. En efecto, la estructura de las grabaciones de contabilidad ha evolucionado hacia una mayor compatibilidad con el estándar BSD.

Veremos como activar y utilizar las utilidades específicas del mecanismo de contabilidad, pero antes, vamos a presentar las utilidades que permiten obtener informaciones sobre las sesiones, pasadas o presentes.

↓notas personales↓

A. Sesiones actuales: **who**

La información acerca las sesiones en curso se conservan en el archivo */var/run/utmp*, donde puede haber un enlace simbólica como */var/adm/utmp* o */var/log/utmp*. Este archivo se destruye y vuelve a crear en cada arranque del sistema utilizándose para ello el mandato **cat** */dev/null* > */var/run/utmp* en el script */etc/rc.d/rc.S* si estamos en una distribución Slackware, o por el mandato > */var/run/utmp* en el script */etc/rc.d/rc.sysinit* de una distribución RedHat 5.x.

Este archivo está gestionado conjuntamente por el proceso **login** al principio de la sesión y por **init** al final de la sesión. El proceso **login** almacena información referente a la sesión que acaba de empezar e **init** inscribe la hora a la que ha terminado la sesión.

La estructura de este archivo está definida por el archivo */usr/include/utmp* del que mostramos un extracto en la imagen siguiente:

```
struct utmp
{
   short   ut_type;       /* type of login */
   pid_t   ut_pid;        /* pid of login-process */
   char    ut_line[UT_LINESIZE];  /* devicename of tty */
   char    ut_id[4];      /* inittab id */
   time_t  ut_time;       /* login time */
   char    ut_user[UT_NAMESIZE];  /* username, not null-term */
   char    ut_host[UT_HOSTSIZE];  /* hostname for remote login.. */
   long    ut_addr;       /* IP addr of remote host */
};
```

Este archivo se puede explotar gracias al mandato **who**, que permite tener información sobre las sesiones en curso tal y como muestra la imagen siguiente:

```
[78]-system(merlin)~: who
system   tty6     Jan 29 09:12
system   ttyp0    Jan 30 12:49 (:0.0)
root     ttyp1    Jan 30 12:49 (:0.0)
soloa    ttyp2    Jan 30 17:09 (morgan.bretagne)
[79]-system(merlin)~: who -H
USER     LINE     LOGIN-TIME   FROM
system   tty6     Jan 29 09:12
system   ttyp0    Jan 30 12:49 (:0.0)
root     ttyp1    Jan 30 12:49 (:0.0)
soloa    ttyp2    Jan 30 17:09 (morgan.bretagne)
[80]-system(merlin)~:who -u
system   tty6     Jan 29 09:12  old
system   ttyp0    Jan 30 12:49   .    (:0.0)
root     ttyp1    Jan 30 12:49 01:17 (:0.0)
soloa    ttyp2    Jan 30 17:09 10:01 (morgan.bretagne)
[81]-system(merlin)~:who -m
merlin!system  ttyp0    Jan 30 12:49 (:0.0)
[82]-system(merlin)~:who am i
merlin!system  ttyp0    Jan 30 12:49 (:0.0)
```

El mandato **who** posee algunas opciones útiles que se han utilizado en los ejemplos anteriores:

`-H` Muestra la cabecera de las columnas.

`-u` Proporciona los tiempos de inactividad del teclado en cada sesión. Un punto significa que ha habido actividad hace menos de un minuto, y old implica una inactividad de más de 24 horas.

`-w` Indica gracias al carácter + que el usuario acepta mensajes enviados por al mandato **write**. El carácter - indica que no se pueden enviar mensajes al usuario.

`-m` Sólo da información sobre el terminal desde el que se lanza who. Es equivalente a who am i.

Contabilidad

↓notas personales↓

B. Histórico de sesiones: **last**

Mientras que el archivo */var/run/utmp* es el encargado de guardar la información relativa a las sesiones actuales, el archivo */var/adm/wtmp* contiene la misma información, pero para las sesiones que ya han terminado. Este último contiene las mismas informaciones que el primero, pero éstas están inscritas dos veces, una vez cuando la sesión arranca y otra vez cuando finaliza.

A diferencia de *utmp*, *wtmp* no se crea automáticamente. Lo debe crear el administrador. Este archivo puede volverse muy grande, ya que guarda información acerca de todas las sesiones que han tenido lugar en el sistema. Así pues es tarea del administrador el vaciar regularmente su contenido.

Como *utmp*, *wtmp* no es un archivo de texto directamente accesible por parte de los usuarios. Existe una herramienta que nos permite tratar su contenido: **last**.

Sin opciones, **last** muestra el contenido del archivo */var/adm/wtmp*, lo cual puede tardar bastante según sea el tamaño del archivo.

Por omisión, **last** muestra la siguiente información:

- el nombre del usuario,
- el nombre del terminal, sin su prefijo /dev/,
- el nombre o la dirección IP de la máquina remota, en caso de que la haya. Cuando se trata de un seudo terminal provisto de una sesión gráfica, este campo contiene una cadena de la forma :x.y indicando el terminal y la pantalla,
- la fecha y la hora del principio de la sesión,
- la hora del final de la sesión,
- la duración de la sesión.

La última línea del archivo */var/adm/wtmp* contiene su fecha de creación. Esta fecha podremos verla gracias al mandato siguiente:

```
[44]-system(merlin)~:last -y | tail -1
wtmp begins Tue Sep 16 1997 22:40
```

La opción `-y` permite mostrar el año, cosa que por omisión no ocurre.

El mandato **last** es más útil provisto de argumentos que permitan extraer solamente ciertas líneas del archivo *wtmp*.

Pueden proporcionársele dos tipos de argumentos:

– nombres de terminales,
– nombres de usuarios.

Los nombres de terminales deben indicarse sin utilizar el prefijo /dev/. Sin embargo es posible dar el nombre con o sin el prefijo tty.

Cuando damos varios argumentos, nombres de terminales y/o nombres de usuarios, **last** muestra las líneas que contienen al menos uno de los argumentos. Así pues se realiza un OR lógico entre los argumentos, tal y como muestra la siguiente imagen:

```
[45]-system(merlin)~:last root ttyp3 | head
system   ttyp3  arthur.bretagne.  Mon May  3 17:39 - 21:11  (03:32)
root     tty3                     Mon Apr 19 13:40 - 13:41  (00:00)
system   ttyp3  :0.0             Wed Apr 14 16:12 - 13:14 (4+21:02)
system   ttyp3   morgan.bretagne. Sat Apr 10 14:04 - 14:06  (00:01)
system   ttyp3  :0.0              Fri Apr  9 09:44 - 09:48  (00:04)
system   ttyp3   morgan.bretagne. Thu Apr  8 21:08 - 22:06  (00:57)
system   ttyp3   morgan.bretagne. Thu Apr  8 19:45 - 20:03  (00:18)
system   ttyp3  :0.0              Sun Mar 28 21:30 - 21:34  (00:04)
root     ttyp1   merlin:0.0       Mon Mar 22 20:50 - down   (00:00)
system   ttyp3  :0.0              Sat Mar 20 14:24 - 14:34  (00:10)
```

↓notas personales↓

Entre los nombre de los usuarios figuran dos nombres especiales que son *shutdown* y *reboot* que indican la fecha en la que el sistema ha sido parado y la fecha en la que el sistema ha sido reiniciado. En la figura que se muestra a continuación podemos ver un mandato que permite conocer la fecha de la última parada y del último reinicio del sistema:

```
[46]-system(merlin)~:last shutdown reboot | head -2
reboot   system boot           Fri Apr 30 22:34
shutdown system down           Thu Apr 29 20:31
```

El fichero */var/adm/wtmp* contiene más información visible gracias a las distintas opciones del mandato **last**:

- `-a` Muestra toda la información disponible.
- `-s` Muestra la fecha con indicación de segundos.
- `-x` Indica los cambios de nivel con el usuario especial runlevel.
- `-y` Pide que se muestre la fecha utilizando la indicación del año.

*Cuando se interrumpe **last** mediante la señal SIGINT, termina indicando la fecha de la línea que se estaba tratando*

```
[53]-system(merlin)~:last
system  ttyp2   arthur.bretagne. Tue May  4 10:12   still logged in
system  ftp     arthur.bretagne. Tue May  4 10:10 - 10:15  (00:05)
system  ttyp3   arthur.bretagne. Mon May  3 17:39 - 21:11  (03:32)
...
system  ttyp1   :0.0             Thu Apr  1 19:20 - 19:21  (00:00)
system  ttyp0   :0.0             Thu Apr  1 19:20 - 22:00  (02:40)
system  ttyp0   :0.0             Thu Aug  6 13:02 - 13:23  (00:20)

interrupted at Thu Aug  6 13:02
```

C. Estadísticas sobre los tiempos de conexión: ac

Como **last**, esta herramienta utiliza el archivo */var/adm/wtmp*. Utilizado sin argumentos, **ac** muestra el número de horas de conexión, sin hacer distinciones entre usuarios. Si le pasamos a **ac** uno o varios nombres de usuarios, el total calculado tendrá en cuenta las sesiones de los usuarios mencionados.

Es posible mostrar el resultado por usuario y/o por día desde el principio de las grabaciones contenidas en */var/adm/wtmp*.

La imagen siguiente muestra algunos ejemplos de utilización de esta utilidad:

```
[merlin]# ac
        total      6488.00
[merlin]# ac root
        total        72.43
[merlin]# ac -p
        squid         0.00
        sgbd        138.65
        ftp           2.02
        webroot     118.00
        grass         1.22
        root         72.43
        soloa        32.53
        solob       191.33
        system     5857.39
        total      6413.18
[merlin]# ac -d|head -5
Sep 16  total         1.99
Sep 17  total        16.51
Sep 18  total         0.38
Sep 19  total         4.67
Sep 21  total         7.51
Broken pipe
[merlin]# ac -d|tail -5
Apr 29  total         2.63
Apr 30  total         2.83
May  1  total        48.02
May  2  total        48.50
Today   total        42.24
[merlin]# ac -d -p|tail -5
        system       48.50
May  2  total        48.50
        soloa         0.02
        system       42.23
Today   total        42.25
```

Contabilidad

Dado que cada usuario puede abrir varias sesiones (en varios terminales serie, por telnet o en varias ventanas X) es perfectamente posible que su tiempo de conexión de un solo día exceda las 24 horas.

D. Activación y desactivación de la contabilidad: **accton**

Por omisión, la contabilidad no está activada. También es posible que las utilidades de contabilidad no formen parte de la distribución, teniéndolas que instalar separadamente utilizando el paquete GNUacct-6.3.2.

Para activar al contabilidad, hay que ejecutar el mandato **accton** proporcionándole el nombre del archivo de contabilidad. Este archivo normalmente se llama */var/account/pacct*. Es posible darle un nombre diferente, pero normalmente se trata del nombre por omisión utilizado por los usuarios de contabilidad.

Para activar automáticamente este mecanismo en el arranque del sistema, añadiremos las siguientes líneas a uno de los scripts de inicialización:

```
if [ -f /var/account/pacct ]; then

    /usr/sbin/accton /var/account/pacct

    echo 'Starting account'>/dev/console

fi
```

Es necesario crear manualmente el archivo donde se guardarán los resultados. En efecto, la activación de la contabilidad no lo creará por si mismo. Si no existe, el núcleo continuará llamando a la primitiva acct(2) sin poder almacenar los datos creados.

Sin argumentos, el mandato **accton** desactiva la contabilidad, es decir, la llamada a la primitiva acct(2). Se trata de la única forma de desactivar la contabilidad. Como ya hemos dicho, no es la presencia o ausencia del archivo donde se guardan los datos lo que activa o desactiva la llamada a acct(2).

E. Estructura de las grabaciones de contabilidad

Esta estructura está definida en el archivo */usr/include/sys/act.h*, que se trata de un archivo estándar Unix. En Linux este archivo utiliza el archivo */usr/include/linux/acct.h* si estamos utilizando la biblioteca libc5. En el caso de la libc6, que es más independiente del sistema, el archivo */usr/include/sys/acct.h* se basta a sí mismo.

Sin embargo, este archivo es menos rico en campos que el archivo proporcionado por el núcleo 2.2.0 de Linux. Por este motivo no tendremos disponibles todas las opciones del mandato **sa**, ya que la compilación de este mandato depende de la estructura del archivo de contabilidad. Por tanto deberemos modificar las opciones de compilación para que utilicen el archivo del núcleo.

↓notas personales↓

Una grabación comprende:

- el nombre del mandato (sin sus argumentos, lo que es una pena),
- los tiempos CPU: el tiempo en modo núcleo y el tiempo en modo usuario,
- el tiempo pasado entre el principio del proceso y su final,
- la fecha en la que se ha lanzado el proceso,
- UID y GID del proceso,
- la terminal de control,
- la memoria media utilizada,
- el número de caracteres leídos y escritos,
- el número de bloques leídos y escritos,
- el número mínimo de fallos de página,
- el número máximo de fallos de página,
- el número de swaps,
- el código devuelto,
- banderas.

F. Explotación de la información de contabilidad: **lastcomm**, **sa**

1. Mandato **lastcomm**

Por omisión, **lastcomm** muestra la lista de los mandatos a partir del más reciente. Los resultados se dan en seis columnas:

- el nombre del proceso,
- las banderas o flags, que pueden ser:
  - **S** el mandato se ha ejecutado como root.
  - **F** el mandato se ha creado por un "fork" sin exec.
  - **C** el mandato se ha ejecutado en modo compatible PDP11 (no utilizado en Linux).
  - **D** el mandato ha terminado generando un archivo core.
  - **X** el mandato ha terminado al recibir una señal SIGTERM.
- el nombre del usuario que ha lanzado el mandato,
- la terminal de control del proceso (cuando no hay, se muestran los caracteres ??),
- el tiempo de ejecución,
- la fecha y la hora a la que se ha creado el proceso.

En la imagen siguiente se muestra el resultado del mandato **lastcomm**:

```
[merlin]# lastcomm|head
sh          S       root    ??       0.01 secs Mon May  3 17:35
atrun       S       root    ??       0.01 secs Mon May  3 17:35
sendmail    SF      root    ??       0.00 secs Mon May  3 17:34
more                root    stderr   0.03 secs Mon May  3 17:32
ftp                 root    stderr   0.00 secs Mon May  3 17:31
bash        F       root    stderr   0.00 secs Mon May  3 17:31
bash        F       root    stderr   0.00 secs Mon May  3 17:31
more                root    stderr   0.01 secs Mon May  3 17:31
sh          S       root    ??       0.01 secs Mon May  3 17:30
atrun       S       root    ??       0.01 secs Mon May  3 17:30
```

La interpretación de los resultados del mandato **lastcomm** puede ser muy complicada ya que por una parte no figuran los argumentos y los parámetros de cada mandato, y por otra parte puede darse el caso de mandatos que llaman a otros mandatos El caso más típico es el del mandato **man** que invoca a groff, troff y grotty, tal y como aparece en la imagen siguiente:

```
[merlin]# lastcomm|head
gunzip            root    stderr  0.01 secs Mon May  3 17:39
lastcomm        X root    stderr  0.10 secs Mon May  3 17:39
head              root    stderr  0.01 secs Mon May  3 17:39
gunzip          system    ttyp3   0.01 secs Mon May  3 17:39
sh              system    ttyp3   0.02 secs Mon May  3 17:39
sh              system    ttyp3   0.00 secs Mon May  3 17:39
gzip            system    ttyp3   0.03 secs Mon May  3 17:39
groff           system    ttyp3   0.03 secs Mon May  3 17:39
troff           system    ttyp3   0.25 secs Mon May  3 17:39
grotty          system    ttyp3   0.06 secs Mon May  3 17:39
```

Es posible restringir la salida por pantalla en función de un nombre de proceso, de un usuario o de un terminal de control. Cuando se le proporcionan a **lastcomm** varias indicaciones (proceso, usuario u tty), las combinará con un OR lógico. Así pues, el mandato `lastcomm ttyp3 bash soloa` muestra los procesos cuyo nombre es bash, y los procesos ejecutados por el usuario soloa y los procesos controlados por ttyp3.

Hay que estar atento y no caer en la trampa del sexto campo que indica la hora de creación del proceso. Por el mero hecho de que proceso se haya creado antes que otro no tiene que aparecer como más anciano. Las informaciones referentes a un proceso no se inscriben en el archivo de contabilidad hasta que el archivo no acada. Por tanto, un proceso puede haber sido creado bastante antes que otro y figurar como más reciente en el resultado de **lastcomm** simplemente por haber finalizado más tarde.

La información de contabilitad puede explotarse más racionalmente con la ayuda del mandato **sa**.

2. Mandato sa

Este mandato muestra, para cada orden ejecutada, los tiempos de ejecución así como los recursos del sistema que se han consumido.

Sin opciones, esto da el siguiente resultado:

```
[merlin]# sa|head
 1156175 12872073.21re 12903691.25cp      295avio       258k
     356  5684402.58re  6394008.39cp   956748avio       209k   ***other*
     121  3860157.39re  6374678.55cp        0avio     11058k
       7   133366.93re   133267.64cp        0avio     11360k
   24452      543.33re      485.13cp        0avio       765k   cc1
      92    69396.34re      251.90cp        0avio      2118k   X
     223    17506.63re      109.84cp        0avio      2932k   netscape
   29251      288.82re       84.28cp        0avio       302k   cpp
     361       71.90re       66.05cp        0avio      1278k   latex
      99    46648.76re       59.01cp        0avio      1324k   lyx
```

La primera línea contiene los valores totales por columnas.

Contabilidad

↓notas personales↓

Los resultados se extienden sobre seis columnas. La última columna contiene el nombre del mandato o del proceso y la primera el número de invocaciones. Las otras columnas se identifican por el sufijo de los valores que contienen:

re Duración total de ejecución del proceso.

cp Tiempo CPU (modo núcleo y modo usuario) en minutos.

avio Número medio de entradas/salidas.

k Cantidad media (en relación al tiempo de CPU) de memoria utilizada, en kb.

En función de las opciones, pueden visualizarse otros valores:

k*sec Memoria total utilizada en k*seg (opción -K).

tio Número total de operaciones de entrada/salida (opción -D).

s Tiempo CPU del sistema en minutos (opción -l).

u Tiempo CPU del usuario en minutos (opción -l).

Las opciones del mandato **sa** son muy numerosas. Algunas modifican la composición de las columnas y otras permiten ordenar las líneas según esta o aquella columna.

Entre las opciones que permiten ordenar las líneas, encontramos:

`-b` Para una ordenación en función de la suma de los tiempos sistema y usuario, divididos por el número de llamadas.

`-d` Para una ordenación en función del número medio de entradas/salidas sobre el disco.

`-D` Para una ordenación según el número total de entradas/salidas sobre el disco.

- `-k` Para una ordenación en función de la utilización media de la memoria (según el tiempo CPU).
- `-K` Para una ordenación según la cantidad total de memoria utilizada.
- `-n` Para una ordenación de los mandatos en función del número de llamadas.

El resto de opciones tienen otro cometido:

- `-a` Permite mostrar los mandatos cuyo nombre contiene caracteres que no se pueden visualizar o que han sido ejecutados una sola vez. Normalmente estos mandatos están agrupados bajo la rúbrica ***other*.
- `-c` El valor de cada tiempo (total, sistema y usuario) se da en porcentaje.
- `-i` Los archivos recapitulativos no son tenidos en cuenta en los valores mostrados.
- `-m` Se muestra la información por usuario y no por mandato.
- `-s` Creación o puesta al día de los archivos recapitulativos:
  - */var/account/savacct* para los resultados por mandato.
  - */var/account/usracct* para los resultados por usuario.

La actualización de estos dos archivos permite borrar el archivo de contabilidad */var/account/pacct* para volverlo a crear completamente vacío y evitar de esta forma que el archivo crezca demasiado. Aquí presentamos un método sencillo para realizar esta operación:

- `# accton` Para detener la contabilidad.
- `# sa -m` Puesta al día de los archivos recapitulativos.
- `#>| /var/account/pacct` Vaciado del archivo de contabilidad.

Contabilidad

`# accton /var/account/pacct`	Reactivación de la contabilidad.

Esta operación puede hacerse automáticamente, bien en el arranque si tenemos un sistema que se apaga y enciende a menudo, bien a intervalos regulares por ***cron****, para los sistemas de funcionamiento continuo, como los servidores.*

Es necesario destruir el contenido del archivo de contabilidad después de la puesta al día de los archivos de resumen para así evitar que la misma información se utilice dos veces por ***sa****. En caso de que esto ocurriera, deberemos utilizar la opción* `-i` *para no tener en cuenta estos dos archivos.*

Reconstrucción del núcleo

Una de las grandes ventajas de Linux, que comparte con el resto de sistemas abiertos, como freeBSD, es que viene con el código fuente. Esto permite que cualquiera puede proponer una solución a un problema o aportar una mejora del núcleo. De ochenta desarrolladores que había para las versiones 1.x.x, se ha pasado a más de 190 para las versiones 2.x.x. Esto ha permitido una rápida evolución que se ha convertido en una mayor potencia y estabilidad.

Por otra parte, debido al hecho de que su origen está íntimamente ligado a Internet, muchas veces bastan algunos días para que se corrija un problema que haya sido notificado al equipo de desarrolladores y se ponga a disposición del público un parche para poner al día el sistema. Este fue el caso cuando se descubrió uno de los fallos del pentium. En menos de una semana se integró en el sistema una solución para este fallo.

A. ¿En qué casos?

A veces es necesario actualizar la versión del núcleo de Linux. Aquí algunas razones:

- permitir la corrección de problemas planteados,
- mejorar el rendimiento,
- instalar uno o varios controladores para nuevos dispositivos,
- utilizar nuevas características (como la solución raid 5 que se añadió a partir de la versión 2.0.35),
- actualizar el núcleo.

Sin embargo, en muchos casos no es necesario actualizar un núcleo que satisfaga plenamente las necesidades del sistema. Por otra parte, algunas versiones han tenido una reputación por su excepcional estabilidad o inestabilidad. La estabilidad de una versión se mide por su longevidad.

B. ¿Cómo?

Con el fin de reconstruir el núcleo si es necesario, es conveniente conseguir el código fuente. Generalmente, está disponible en forma de archivo tar, comprimido con gzip o gzip2.

Una vez hayamos conseguido este archivo, es necesario descomprimirlo y extraer todos los archivos que contiene.

Aquí tenemos el mandato a utilizar:

```
# cd <directorio en el que se instalará
el árbol de directorios>
# tar zxvf linux-.2.y.z
```

El resultado de este mandato es un árbol conteniendo el conjunto de archivos que permiten construir un núcleo, que ocupan un espacio en disco del orden de 80 Mb.

Ahora ya podemos pasar a la fase de configuración y compilación del núcleo, o bien actualizar este código fuente con el fin de utilizar las últimas correcciones y/o mejoras.

1. Actualización de las fuentes del núcleo

Cuando se aportan modificaciones o correcciones al núcleo, se crea un nuevo archivo *linux-2.y.z* en el que la letra z representa la evolución del número. Sin embargo, como este archivo tiene un tamaño más que respetable (del orden de 10 a 13 Mb), no es muy recomendable descargarlo por Internet a cada modificación que se haga, sobre todo si ésta es pequeña. Normalmente lo único que se descarga de Internet es el archivo *patch-2.y.z+1*, que sólo contiene las modificaciones. Este archivo tan sólo nos servirá para modificar las fuentes que ya obran en nuestro poder.

Para utilizar estos "parches" hay que respetar el número de versión, es decir, que si previamente teníamos el núcleo 2.2.x, sólo podremos aplicar el parche 2.2.x+1. Para aplicar un determinado parche, hay que asegurarse de que se han aplicado todos los parches intermedios.

Un parche se aplica de la forma siguiente:

- obtención del archivo *patch-2.y.z+1*,
- descompresión del parche: `gunzip patch-2.y.z+1`,
- convertir el directorio que contiene el directorio *linux-2.y.z* (generalmente */usr/src*) en directorio actual: `cd /usr/src`,
- aplicación del parche: `patch -p0 <patch-2.y.z+1`,
- búsqueda de los archivos que no se hayan podido actualizar: `find linux-2.y.z -name "*.rej"`.

Si no encontramos archivo alguno, podremos pasar a la etapa de configuración y de compilación del núcleo. En caso contrario, significaría que el parche no se ha aplicado correctamente y que las fuentes no se han actualizado. En este caso lo más conveniente es repetir todo el proceso utilizando archivos correctos.

2. Compilación del núcleo

La compilación del núcleo utiliza muchas variables que permiten integrar ciertas características. Con el fin de que estas variables tengan los valores deseados podemos utilizar uno de los siguientes mandatos:

make config Se utiliza en caso de disponer de un terminal pasivo, que no pueda gestionar ni colores ni gráficos.

make menuconfig Mandato muy amistoso. Puede utilizarse en un terminal de texto, como por ejemplo en una consola virtual, que sea capaz de gestionar colores.

make xconfig Sólo puede ejecutarse en un sistema X. Es el programa más amistoso de todos.

Estos tres mandatos nos van a permitir configurar la fase de compilación, que se realiza en tres tiempos utilizando los mandatos siguientes:

make dep Para determinar las dependencias.

make clean Para borrar los antiguos archivos objeto.

make [b]zlilo Para construir un núcleo que arranque a partir del MBR. Es posible reemplazar este mandato por uno de los siguientes:

make [b]zdisk Para construir un núcleo que vaya a utilizarse en un disquete de arranque. El disquete debe estar presente en el lector.

make [b]zImage Para construir un núcleo sin destino predefinido. Es asunto del administrador hacer que se utilice en el arranque del sistema. Esto permite construir un núcleo destinado a otro ordenador.

C. Los módulos cargables

Cuando más numerosos sean los periféricos que debe gestionar un núcleo, más importante será su tamaño en disco y en memoria. Este tamaño puede ser perjudicial si queremos utilizar el núcleo en un disquete de arranque.

El aumento de este tamaño proviene de la inclusión del código de los controladores de los distintos periféricos y del código que añade características como la gestión de los diferentes sistemas de archivos.

Ya hemos dicho que en la fase de configuración tenemos dos maneras de incorporar nuevas características en el núcleo, sea por inclusión **estática** (respuesta 'y'), sea por inclusión **dinámica** (respuesta 'm'). La segunda crea un conjunto de módulos objeto (archivos con la extensión .o) que no se incluirán en el núcleo para evitar que su tamaño aumente y tan sólo se cargan en memoria si exsite una petición del servicio que ofrecen. Esta técnica, llamada de módulos cargables, sirve para generar un núcleo mínimo.

Otra ventaja de esta técnica consiste en la posibilidad de prever la adición nuevos periféricos sin tener que recompilar el núcleo y por tanto sin tener que reinicializar el sistema. Igualmente, la puesta al día de un controlador o de un módulo se puede hacer simplemente cambiando el archivo correspondiente sin tener que tocar el núcleo.

1. Preparación del núcleo

La gestión de los módulos cargables se halla definida por tres variables, que, a su vez, están definidas por las respuestas a las tres preguntas siguientes:

```
# make config,
...
Loadable module support:
Enable loadable module support (CONFIG_MODULES)
[Y/n/?]
Set version information on all symbols for modules
(CONFIG_MODVERSIONS) [N/y/?]
Kernel daemon support (e.g. autoload of modules)
(CONFIG_KERNELD) [Y/n/?]
```

CONFIG_MODULES Activa la gestión de los módulos cargables.

CONFIG_MODVERSIONS Especifica si los módulos de una versión del núcleo 2.y. podrán utilizarse sin recompilar por una versión posterior. Sin embargo, es aconsejable recompilar siempre los módulos, con el fin de disponer de las últimas versiones, que normalmente incluyen correcciones y mejoras.

CONFIG_KERNELD Activa la carga automática de los módulos cargables. Desde la versión 2.2.0, la variable CONFIG_KERNELD ha sido reemplazada por la variable CONFIG_KMOD (ver página 225).

Ya sólo nos queda determinar las características del núcleo que deberán gestionarse con la ayuda de módulos cargables y construir el núcleo.

↓notas personales↓

2. Construcción e instalación de los módulos

La compilación de los módulos es independiente de la compilación del núcleo, y para realizarse es necesario utilizar un procedimiento distinto. La construcción de los módulos se hace con la ayuda del mandato **make modules**.

Una vez se han compilado los módulos, sólo hay que instalarlos, lo que se hace con el mandato **make modules_install**.

Este mandato crea un directorio */lib/modules/x.y.z* donde x.y.z corresponde a la versión del núcleo. En este directorio se instalarán los módulos, a veces utilizando un subdirectorio (véase figura siguiente):

```
[20]-system(merlin)/lib/modules:ls2.0.0/
2.0.32/  2.2.0/  2.2.3/  2.2.5/  2.2.6/  2.2.7/  misc/
[21]-system(merlin)/lib/modules:ls 2.2.5
fs/          misc/          modules.dep  net/
[22]-system(merlin)/lib/modules:cd 2.2.5
[23]-system(merlin)/lib/modules/2.2.5:ls fs misc net
fs:
autofs.o        minix.o         ntfs.o          ufs.o
fat.o           msdos.o         smbfs.o         umsdos.o
hfs.o           nls_iso8859-1.o sysv.o          vfat.o

misc:
awe_wave.o  sb.o  sound.o  soundcore.o  soundlow.o  uart401.o

net:
bsd_comp.o      dummy.o         eql.o           ppp_deflate.o
```

3. Utilización de los módulos

Cada vez que se llama a una de las funciones contenidas en un módulo, este debe integrarse en el núcleo. La carga del módulo en cuestión puede hacerse:

- manualmente, cuando sea necesario,
- automáticamente, en el arranque,
- automáticamente, cuando sea necesario.

insmod

La carga manual de un módulo se hace con el mandato **insmod** seguido del nombre del módulo a cargar. Sin embargo, la carga puede fracasar ya que ciertos módulos dependen de otros. Por ejemplo, para montar un sistema de archivos del tipo vfat (tipo gestionado por un módulo), hay que cargar el módulo vfat.o. Pero como este último depende del módulo fat.o, la carga de vfat.o fracasará si no se ha cargado fat.o previamente.

La solución es, evidentemente, cargar el módulo fat.o y, a continuación, cargar el módulo vfat.o:

```
[merlin]# insmod vfat
/lib/modules/2.2.7/fs/vfat.o: unresolved symbol fat_statfs
/lib/modules/2.2.7/fs/vfat.o: unresolved symbol fat_scan
/lib/modules/2.2.7/fs/vfat.o: unresolved symbol fat_put_inode
/lib/modules/2.2.7/fs/vfat.o: unresolved symbol fat_fs_panic
/lib/modules/2.2.7/fs/vfat.o: unresolved symbol fat_cache_inval_inode
/lib/modules/2.2.7/fs/vfat.o: unresolved symbol fat_delete_inode
/lib/modules/2.2.7/fs/vfat.o: unresolved symbol fat_read_inode
/lib/modules/2.2.7/fs/vfat.o: unresolved symbol fat_mark_buffer_dirty
/lib/modules/2.2.7/fs/vfat.o: unresolved symbol fat_add_cluster
/lib/modules/2.2.7/fs/vfat.o: unresolved symbol fat_notify_change
/lib/modules/2.2.7/fs/vfat.o: unresolved symbol fat_write_inode
/lib/modules/2.2.7/fs/vfat.o: unresolved symbol fat_date_unix2dos
/lib/modules/2.2.7/fs/vfat.o: unresolved symbol fat_get_entry
/lib/modules/2.2.7/fs/vfat.o: unresolved symbol fat_esc2uni
/lib/modules/2.2.7/fs/vfat.o: unresolved symbol fat_readdirx
/lib/modules/2.2.7/fs/vfat.o: unresolved symbol fat_put_super
/lib/modules/2.2.7/fs/vfat.o: unresolved symbol fat_brelse
/lib/modules/2.2.7/fs/vfat.o: unresolved symbol fat_lock_creation
/lib/modules/2.2.7/fs/vfat.o: unresolved symbol fat_unlock_creation
/lib/modules/2.2.7/fs/vfat.o: unresolved symbol fat_dir_operations
/lib/modules/2.2.7/fs/vfat.o: unresolved symbol fat_read_super
[merlin]# echo $?
1
[merlin]# insmod fat
[merlin]# insmod vfat
[merlin]# echo $?
0
```

Cargar manualmente un módulo utilizando **insmod** puede ser algo problemático si no se conocen las dependencias que hay entre los distintos módulos. Sin embargo, era la única manera que había de cargar módulos hasta la versión 2.0 del núcleo. A partir de esta versión se han introducido las utilidades **depmod** y **modprobe** para, respectivamente, construir la tabla de dependencias entre los módulos y cargar un módulo y los módulos que dependan de él. También permiten la carga automática de los módulos.

Lista de los módulos cargados: lsmod

El mandato **lsmod** permite obtener la lista de los módulos cargados, así como otra información adicional:

```
[merlin]# lsmodModule
                    Size  Used by
vfat               11064    0  (unused)
fat                23912    0  [vfat]
```

Este mandato no es más que una puesta al día de la información contenida en el archivo */proc/modules*. Estas informaciones están organizadas en cuatro columnas:

Module Contiene el nombre de los diferentes módulos cargados.

Size Indica el tamaño de cada módulo.

Used Menciona si el módulo está siendo utilizado actualmente por algún proceso.

by Contiene información variable.

(unused) Si el módulo no se está utilizando actualmente. Si lo usa directamente el núcleo, este campo estará vacío.

[nombre] Indica que el módulo nombre depende de este módulo.

(autoclean) Es una bandera que marca este módulo para el proceso kerneld.

Construcción de la tabla de dependencias: depmod

La construcción de la tabla de dependencias entre módulos se hace con el mandato **/sbin/depmod -a**.

Como regla general, este mandato se ejecuta durante el arranque del sistema gracias a la ayuda de un script de inicialización, que en la distribución Slackware es /etc/rc.d/rc.modules y en la distribución Redhat s /etc/rc.d/rc.sysinit.

El resultado de este mandato es la creación del archivo */lib/modules/x.y.z/modules.dep*.

Este archivo contiene la lista de los módulos utilizables por el núcleo, así como sus dependencias:

```
[merlin]# cat modules.dep
/lib/modules/2.2.5/fs/autofs.o:

/lib/modules/2.2.5/fs/fat.o:

/lib/modules/2.2.5/fs/hfs.o:

/lib/modules/2.2.5/fs/minix.o:

/lib/modules/2.2.5/fs/msdos.o: /lib/modules/2.2.5/fs/fat.o

/lib/modules/2.2.5/fs/nls_iso8859-1.o:

/lib/modules/2.2.5/fs/sysv.o:

/lib/modules/2.2.5/fs/ufs.o:

/lib/modules/2.2.5/fs/umsdos.o: /lib/modules/2.2.5/fs/fat.o
/lib/modules/2.2
.5/fs/msdos.o

/lib/modules/2.2.5/fs/vfat.o:   /lib/modules/2.2.5/fs/fat.o
```

Esta tabla de dependencias la utiliza el mandato **modprobe** para cargar un módulo y todos los que de él dependen.

Reconstrucción del núcleo

↓notas personales↓

modprobe

El mandato **modprobe** permite cargar un módulo y todos los que de él dependen, apoyándose para ello en el archivo */lib/modules/x.y.z/modules.dep*, que debe haber sido previamente creado, o puesto al día, gracias al mandato **depmod**:

```
[merlin]# ls
fs/          misc/        modules.dep  net/
[merlin]# ls -lu modules.dep
-rw-r--r--   1 root    root    1115 May  3 13:14
modules.dep
[merlin]# date
Mon May  3 13:31:46 CEST 1999
[merlin]# modprobe vfat
[merlin]# ls -lu modules.dep
-rw-r--r--   1 root    root    1115 May  3 13:31
modules.dep
[merlin]# lsmod
Module                  Size  Used by
vfat                   11064   0  (unused)
fat                    23912   0  [vfat]
```

El objetivo de este mandato es que pueda utilizarse sin intervención del administrador, bien por un script para cargar unos cuantos módulos y sus dependencias en el arranque del sistema, o bien para cargar los módulos únicamente cuando sea necesario.

Carga automática en el arranque

Utilizando **modprobe**, se pueden cargar unos cuantos módulos en el arranque del sistema sin tener que preocuparse por posibles errores de dependencias. Para ello, basta con utilizar **modprobe** en uno de los scripts de inicialización del sistema, generalmente /etc/rc.rc/rc.modules en una distribución Slackware y /etc/rc.d/rc.sysinit en una distribución Redhat.

Carga automática bajo petición

Otra de las razones de la existencia de **modprobe** es la de poder ser llamado cuando el núcleo necesite un módulo.

Al principio, esta técnica reposaba sobre el proceso kerneld, que servía de intermediario entre el núcleo y el mandato **modprobe**, produciéndose el dialogo entre el núcleo y kerneld por medio del IPC. Por tanto era necesario que el núcleo estuviese configurado de forma que se asegurase la gestión del IPC.

El proceso kerneld debe lanzarse lo más pronto posible, pero siempre después de que **depmod** haya creado la tabla con las dependencias.

La utilización de **kerneld** puede ser criticable por dos motivos:

- kerneld es un proceso que se ejecuta en modo usuario y, por tanto, es interruptible, lo que puede comprometer la carga de módulos y dañar el funcionamiento del núcleo,
- kerneld y el núcleo dialogan por medio de IPC, lo que no es una solución aceptable.

Desde la versión 2.2, existe una alternativa a kerneld (en forma de una hebra kmod del núcleo). El papel de éste lo hace una hebra del núcleo llamada kmod. Esto garantiza más velocidad y evita tener que recurrir a IPC.

Por el momento (versión 2.2.5 del núcleo), **kmod** sólo puede cargar los módulos. Todavía no es capaz de descargar un módulo al cabo de un cierto tiempo de inactividad como podía hacer kerneld. Sin embargo es posible paliar este problema ejecutando regularmente el mandato **rmmod -a**, pudiendo utilizar para ello a **cron**.

↓notas personales↓

Borrado de un módulo: rmmod

El borrado de un módulo se hace gracias al mandato **rmmod** seguido por el nombre del módulo a borrar.

Sólo es posible borrar los módulos que no están siendo utilizados actualmente y/o que no sean necesarios para otros módulos.

La opción más útil de **rmmod** es `-a` que permite borrar todos los módulos siempre y cuando no estén siendo utilizados y no haya dependencias entre ellos.

También podemos borrar un módulo utilizando el mandato **modprobe -r**. Sin embargo, a diferencia de **rmmod**, **modprobe -r** borra un módulo apoyándose en la tabla de dependencias, borrando también todos los módulos que dependan del susodicho, a condición de que no estén siendo utilizados actualmente.

Índice

L

M

N

P

R

S

T

U

V

W